10歳から知っておきたい

「自分で決める力」の伸ばし方

鳥原隆志 著
もなか イラスト

日本能率協会マネジメントセンター

はじめに

学校《がっこう》ではいろいろなことを教《おし》えてくれます。

しかし、教《おし》えてくれないこともあります。

そのひとつが「決《き》め方《かた》」です。


この本《ほん》を書《か》いている私《わたし》（今後《こんご》は先生《せんせい》と書《か》きます）も30歳《さい》を超《こ》えて初《はじ》めて、決《き》め方《かた》を知《し》りました。

先生《せんせい》は子《こ》どもの頃《ころ》から失敗《しっぱい》ばかりでした。

そして決《き》めるのが苦手《にがて》でした。

でもこれではいけないと思《おも》い、自分《じぶん》のことは自分《じぶん》で決《き》めだしましたが、周《まわ》りから変《か》わったものばかり選《えら》ぶと笑《わら》われました。


学校《がっこう》では「これをしてはいけない」ということは教《おし》えてくれます。

例《たと》えば「学校《がっこう》の帰《かえ》りに駄菓子屋《だがしや》（今《いま》で言《い》うとコンビニエンスストア）に寄《よ》ってはいけない」だとか「運動《うんどう》した後《あと》に水《みず》を飲《の》んではいけない」（のちのちこれは間違《まちが》いだと分《わ》かりました）とも教《おし》えられました。

つまり選《えら》んではいけない結果《けっか》は教《おし》えてもらえたわけです。

でもそのうちにつじつまが合《あ》わなくなることがあります。人《ひと》によって言《い》うことが異《こと》なるケースです。「喧嘩《けんか》はよくない」と言《い》う先生《せんせい》もいれば、「男《おとこ》なら勝負《しょうぶ》したらどうだ」と言《い》う先生《せんせい》も以前《いぜん》はいたのです。

大人《おとな》になるとさらに複雑《ふくざつ》になります。「会社《かいしゃ》のルールを守《まも》ってきちんと仕事《しごと》をしろ」という反面《はんめん》、「枠組《わくぐ》みを破《やぶ》って世界《せかい》を変《か》えろ」とも言《い》われます。

そんなときに先生《せんせい》はインバスケットに出合《であ》います。会社《かいしゃ》の昇格《しょうかく》テストでした。

インバスケットについてはのちほど分《わ》かりやすく説明《せつめい》しますが、簡単《かんたん》に言《い》うとシミュレーションゲームのようなものです。

これは、今《いま》までやってきたテストとは異《こと》なります。

覚《おぼ》える、解《と》くというものではなく、こんな場合《ばあい》あなたはどうするか、という新《あたら》しい感覚《かんかく》の問題《もんだい》です。

最初《さいしょ》はきっと正解《せいかい》があるのだろうと思《おも》っていましたが、このテストはどのような判断《はんだん》をしたかを評価《ひょうか》するのではなく、決《き》め方《かた》を評価《ひょうか》するものでした。

例《たと》えば、さばききれないほどやることがあったときに、優先順位《ゆうせんじゅんい》を付《つ》けることができるかなど、決《き》めるまでのプロセスを評価《ひょうか》するのです。

そのときに初《はじ》めて先生《せんせい》は、それまでの我流《がりゅう》の決《き》め方《かた》の改善点《かいぜんてん》を見《み》つけ、正《ただ》しい決《き》め方《かた》を知《し》ることができました。

30歳《さい》を過《す》ぎて知《し》りましたので、率直《そっちょく》にこう思《おも》いました。

「もっと早《はや》めに知《し》るべきだった」

最初《さいしょ》は誰《だれ》しも完璧《かんぺき》な決《き》め方《かた》はできません。

ときには失敗《しっぱい》もします。

しかし、先生《せんせい》はその方《ほう》がよいと思《おも》います。

なぜなら失敗《しっぱい》することで改善点《かいぜんてん》が見《み》つかるからです。


でも、できるだけ本番《ほんばん》で失敗《しっぱい》をしてほしくない。

だから、本書《ほんしょ》で紹介《しょうかい》するインバスケットという模擬体験《もぎたいけん》の中《なか》で失敗《しっぱい》をし、社会《しゃかい》に出《で》てから失敗《しっぱい》をしないことが大事《だいじ》だと考《かんが》え、この本《ほん》を書《か》いたのです。


この本《ほん》は、知識《ちしき》を教《おし》える本《ほん》ではありません。

インバスケットゲームを通《つう》じて、あなたに学校《がっこう》では教《おし》えてくれない「決《き》め方《かた》」を身《み》につけてもらう内容《ないよう》です。


「決《き》める」というと漠然《ばくぜん》としているのですが、例《たと》えばこのようになれると素晴《すば》らしいと思《おも》いませんか。

- **多《おお》くのやることから何《なに》をするべきかを決《き》めることができる**
- **断《ことわ》ったりやめる決断《けつだん》ができるようになる**
- **挑戦《ちょうせん》する自信《じしん》がつく**
- **自分《じぶん》の考《かんが》えを持《も》ち、相手《あいて》に上手《じょうず》に伝《つた》えることができる**
- **正《ただ》しい情報《じょうほう》を選《えら》び、事実《じじつ》かどうか判断《はんだん》できる**
- **自分《じぶん》ひとりで悩《なや》まずに、周《まわ》りに相談《そうだん》できる**
- **先《さき》を見通《みとお》したり、広《ひろ》い範囲《はんい》を見《み》て決《き》めることができる**

そんなことができるのかと驚《おどろ》かれるかもしれません。

でも、インバスケットというツールは、あなたによい決《き》め方《かた》を気《き》づかせてくれます。

本書《ほんしょ》は大人《おとな》向《む》けのインバスケットのように難《むずか》しいものではありません。

実際《じっさい》にこれからあなたに起《お》きうるシーンを再現《さいげん》したクエストを読《よ》んで、実際《じっさい》に決《き》めてもらいます。

そして、その決《き》め方《かた》を振《ふ》り返《かえ》るというシンプルな構成《こうせい》で進《すす》めていきます。

ぜひこの本《ほん》で、**一生《いっしょう》ものの「決《き》め方《かた》」を身《み》につけ、決《き》める達人《たつじん》となってください。**

そして幸《しあわ》せな人生《じんせい》を手《て》に入《い》れて下《くだ》さい。

2024年《ねん》9月《がつ》

株式会社《かぶしきがいしゃ》インバスケット研究所《けんきゅうじょ》　社長《しゃちょう》

インバスアカデミー主宰《しゅさい》

鳥原《とりはら》　隆志《たかし》

もくじ

第《だい》1章《しょう》
「自《じ》分《ぶん》で決《き》められない」とどうなるの？
——人生《じんせい》は決断《けつだん》の連続《れんぞく》 11

第《だい》2章《しょう》
「決《き》める」ってどういうこと？
——インバスケット思考《しこう》とは 19

第《だい》3章《しょう》
「自《じ》分《ぶん》で決《き》める力《ちから》」を育《そだ》てる14のクエスト 29

クエスト1 「やることが多《おお》すぎて大《だい》パニック！」 36

クエスト2 「習《なら》い事《ごと》ばかりで疲《つか》れちゃった……」 44

クエスト3 「どっちにしたらいいか決《き》められない！」 52

クエスト4 「親《しん》友《ゆう》がやめておいた方《ほう》がいいって言《い》うの」 60

第《だい》4章《しょう》

「自分《じぶん》で決《き》める力《ちから》」があなたの人生《じんせい》を作《つく》っていく

クエスト5 「自分《じぶん》の進路《しんろ》は誰《だれ》が決《き》める？」 68

クエスト6 「ゲームを禁止《きんし》されちゃった」 76

クエスト7 「誰《だれ》が食《た》べたの？ 私《わたし》のクッキー」 84

クエスト8 「友達《ともだち》に誘《さそ》われたけど本当《ほんとう》は行《い》きたくない」 92

クエスト9 「みんなは反対《はんたい》しているけれど……」 100

クエスト10 「お寿司《すし》。焼肉《やきにく》。あなたはどっちがいいの？」 108

クエスト11 「算数《さんすう》の宿題《しゅくだい》がどうしても解《と》けない」 116

クエスト12 「友達《ともだち》が柵《さく》を越《こ》えて遊《あそ》ぼうって言《い》うけれど……」 124

クエスト13 「学級新聞《がっきゅうしんぶん》のテーマ作《づく》り」 132

クエスト14 「冒険《ぼうけん》に出《で》るのか」 140

第《だい》1章《しょう》

「自《じ》分《ぶん》で決《き》められない」とどうなるの?

人《じん》生《せい》は決《けつ》断《だん》の連《れん》続《ぞく》

毎日《まいにち》私《わたし》たちはいろいろなことを決《き》めながら生《い》きています。

ある研究者《けんきゅうしゃ》は、人間《にんげん》には**1日《にち》で最大《さいだい》35000回《かい》決《き》めることがある**と報告《ほうこく》をしているほどです。

朝目《あさめ》が覚《さ》めて起《お》きようと決《き》めることから、服《ふく》を選《えら》んだり、何《なに》から食《た》べようかと考《かんが》えたり、夜寝《よるね》るまで決《き》めることの連続《れんぞく》です。

もちろん、決《き》める種類《しゅるい》もさまざまです。

何色《なにいろ》の服《ふく》を着《き》ようか、誰《だれ》と遊《あそ》ぼうかという少《すこ》しわくわくすることから、お母《かあ》さんを怒《おこ》らせてしまうことをしてしまったときにどう謝《あやま》ろうと悩《なや》んだり、これからは進路《しんろ》を選《えら》んだり、結婚相手《けっこんあいて》を決《き》めたりと、あなたの将来《しょうらい》にはさまざまな出来事《できごと》が待《ま》っています。

ときには、選《えら》ぶのが難《むずか》しすぎて決《き》めることから逃《に》げ出《だ》したくなることもあるかもしれません。

では逆《ぎゃく》に「決《き》めない」とどうなるのでしょうか？

何《なに》も決《き》めずに生《い》きるとこのようなことが起《お》きます。

チャンスを逃《のが》してしまう

教室《きょうしつ》で先生《せんせい》から「この問題《もんだい》分《わ》かる人《ひと》」と尋《たず》ねられたとしましょう。

そしてあなたは答《こた》えが分《わ》かったとします。

ここで手《て》を上《あ》げるかどうか少《すこ》し迷《まよ》いますよね。

「ひょっとしたら間違《まちが》いかもしれない」

「誰《だれ》かが手《て》を挙《あ》げてから一緒《いっしょ》に挙《あ》げよう」

このように考《かんが》えて決《き》められないと、他《ほか》の人《ひと》が手《て》を挙《あ》げて答《こた》えてしまいます。

本当《ほんとう》はあなたがほめられるはずだったのに……残念《ざんねん》ですよね。

決《き》めることができないうちに、チャンスは過《す》ぎ去《さ》ってしまいます。

決《き》める力《ちから》があればチャンスを逃《のが》さずに済《す》むのです。

決《き》める自信《じしん》がなくなる

先生《せんせい》は子《こ》どもの頃《ころ》にとても後悔《こうかい》したことがあります。

小学校《しょうがっこう》5年生《ねんせい》の頃《ころ》のことです。

体育《たいいく》の授業《じゅぎょう》でサッカーの試合《しあい》をしていました。

先生《せんせい》はサッカーが苦手《にがて》、というより失敗《しっぱい》してみんなに責《せ》められるのが嫌《いや》だったので、ボールが自分《じぶん》のもとに来《こ》ないように、ボールがある場所《ばしょ》からわざと離《はな》れていました。

自分《じぶん》のチームが攻《せ》められて、ゴール前《まえ》で先生《せんせい》以外《いがい》の友達《ともだち》は団子《だんご》のようになっていました。

先生《せんせい》はボールが来《こ》ない場所《ばしょ》、敵《てき》のゴールの前《まえ》にひとり立《た》っていたのです。

しかし、そこになんとボールがふわっと空《そら》を舞《ま》って転《ころ》がってきたのです。

先生《せんせい》はボールを自分《じぶん》の前《まえ》で止《と》めて敵《てき》のゴールを見《み》ました。

キーパーが焦《あせ》っています。後《うし》ろからは味方《みかた》の友達《ともだち》が「早《はや》くシュートしろ」と口々《くちぐち》に大声《おおごえ》で言《い》っています。

でも、先生《せんせい》は迷《まよ》いました。

「こんな状態《じょうたい》でシュートして外《はず》したら友達《ともだち》に責《せ》められる」

こう思《おも》ったのです。

もちろんゴールを入《い》れればヒーローになることも分《わ》かっていました。

「どうしよう」

と考《かんが》えているうちに、敵《てき》が先生《せんせい》のボールをいとも簡単《かんたん》に奪《うば》っていきました。

先生《せんせい》はその後《あと》落《お》ち込《こ》みました。

サッカーが下手《へた》なことに落《お》ち込《こ》むより、ボールをけることを決《き》められなかった自分《じぶん》がダメに思《おも》えたのです。

それ以来《いらい》、決《き》めることが怖《こわ》くなりました。

もしあのときボールをけることを決《き》めていたら、たとえゴールできなかったとしても、決《き》めることができたという自信《じしん》は残《のこ》っていたのではないでしょうか？

周《まわ》りに振《ふ》り回《まわ》される

私《わたし》たちの周《まわ》りには親《おや》や先生《せんせい》、友達《ともだち》などがいて、「こうした方《ほう》がいいよ」と教《おし》えてくれます。

このような声《こえ》は大変助《たいへんたす》かりますが、あなたにとって必《かなら》ずしも正解《せいかい》とは限《かぎ》りません。

決《き》める力《ちから》は、自分《じぶん》の考《かんが》えを作《つく》ります。

自分《じぶん》の考《かんが》えがないと「自分《じぶん》はこうした方《ほう》がいい」と思《おも》っていても、他《ほか》の人《ひと》に「こっちの方《ほう》がいいよ」と言《い》われると、本当《ほんとう》は違《ちが》うと知《し》っているのに、その言葉通《ことばどお》りに行動《こうどう》してしまうようになってしまいます。

自分《じぶん》の人生《じんせい》は自分《じぶん》で決《き》めて作《つく》り上《あ》げなければなりません。そのためにも決《き》める力《ちから》は必要《ひつよう》なのです。

後悔《こうかい》する

「どうしよう」と悩《なや》んでいる間《あいだ》に決《き》められなくなることがあります。

そろそろ家《いえ》に帰《かえ》らければならない時間《じかん》なのに、なかなか友達《ともだち》に言《い》えず、気《き》が付《つ》くと遅《おそ》くなってしまったというケースも、決《き》める力《ちから》があれば回避《かいひ》できます。

あなたの将来《しょうらい》には、あなた自身《じしん》で決《き》めなければならない大《だい》イベントがたくさんあります。

進学《しんがく》や就職《しゅうしょく》、結婚《けっこん》なども「あのときにこうすればよかった」と言《い》って**後悔《こうかい》しないためには、決《き》める力《ちから》が必要《ひつよう》**です。

ここまでで、決《き》めることができる人《ひと》とできない人《ひと》の違《ちが》いは分《わ》かりましたよね。あなたが自分《じぶん》のことは自分《じぶん》で決《き》めたいと思《おも》うなら、ぜひ次《つぎ》の章《しょう》で決《き》めるという行動《こうどう》を理解《りかい》してみてください。

第《だい》2章《しょう》

「決《き》める」って どういうこと？

インバスケット思《し》考《こう》とは

2-1 決《き》めるってどういうこと？

第《だい》1章《しょう》を読《よ》んで、決《き》めることの必要性《ひつようせい》は理解《りかい》できたと思《おも》います。

でもいざ決《き》めるとなると、なかなか難《むずか》しいと思《おも》うでしょう。

なぜ難《むずか》しいのでしょうか？

それは**「決《き》める」には絶対的《ぜったいてき》な正解《せいかい》がない**からです。

学校《がっこう》のテストは、丸暗記《まるあんき》すれば乗《の》り越《こ》えることもできますが、決《き》めるシーンは常《つね》に変化《へんか》し、同《おな》じシーンはほとんどありません。つまり、あらかじめ用意《ようい》された答《こた》えを覚《おぼ》える教育《きょういく》では、決《き》める力《ちから》はほとんど育《そだ》ちません。

だから、学校《がっこう》では決《き》める方法《ほうほう》を教《おし》えてはくれません。

学校《がっこう》の成績《せいせき》がよい人《ひと》でも、大人《おとな》になると困《こま》る人《ひと》はいます。

大人《おとな》の世界《せかい》では、決《き》める力《ちから》を「判断力《はんだんりょく》」とも呼《よ》び、リーダーや会社《かいしゃ》の社長《しゃちょう》などは、この判断力《はんだんりょく》がないと仕事《しごと》ができないと言《い》われています。
記憶力《きおくりょく》がよくても、算数《さんすう》が解《と》けても、決《き》められないと仕事《しごと》はできないのです。

よくある誤解《ごかい》として、決《き》める力《ちから》、すなわち判断力《はんだんりょく》はその人《ひと》にもともと備《そな》わった資質《ししつ》と言《い》う方《かた》もいますが、そうではありません。**判断力《はんだんりょく》はトレーニングをして伸《の》ばすもの**です。筋肉《きんにく》を付《つ》けるために運動《うんどう》するのと同《おな》じです。

つまり、決《き》める力《ちから》は誰《だれ》でも身《み》につけることができるわけです。だから、あなたがもし「決《き》められない」と悩《なや》んでいるのであれば、それはあなたが乗《の》り越《こ》えようと思《おも》えば乗《の》り越《こ》えられます。

次《つぎ》に、「決《き》める」ということについてお話《はな》ししましょう。**決《き》めるというのは、自分《じぶん》で選択肢《せんたくし》を作《つく》り、その中《なか》から最適《さいてき》なものを選《えら》ぶこと**です。

例《たと》えば、友達《ともだち》から遊《あそ》びに誘《さそ》われているけれど、宿題《しゅくだい》もしなければいけないとしましょう。誘《さそ》いを受《う》けるか断《ことわ》るか、あなたは迷《まよ》うのではないでしょうか。

でも、選択肢《せんたくし》の作《つく》り方《かた》を変《か》えると、選《えら》び方《かた》も変《か》わります。選《えら》ぶ基準《きじゅん》を変《か》えれば、これまた選択肢《せんたくし》も変《か》わります。

つまり、**決《き》め方次第《かたしだい》で結果《けっか》も変《か》わる**のです。これはとても大切《たいせつ》なことです。


しかし、学校《がっこう》では正《ただ》しい決《き》め方《かた》については教《おし》えてくれません。

きっと先生《せんせい》は、「これをしてはダメ」「これを選《えら》んではダメ」など、ルールに基《もと》づく選択肢《せんたくし》は教《おし》えてくれるでしょう。

これが大事《だいじ》ではないとは言《い》いませんが、先《さき》ほども書《か》いた通《とお》り、選《えら》ぶ環境《かんきょう》は教《おし》えてもらった通《とお》りではありません。

しかし、決《き》める方法《ほうほう》を身《み》につければ、どこでも使《つか》えますし、これからあなたが大人《おとな》になるにあたり、ずっと使《つか》える一生《いっしょう》ものの武器《ぶき》になるでしょう。

2-2 あなたはどうやって決《き》めている？

決《き》める方法《ほうほう》が大事《だいじ》だと書《か》きましたが、最近《さいきん》あなたが決《き》めたことを思《おも》い出《だ》してみてください。

例《たと》えば、宿題《しゅくだい》が数種類《すうしゅるい》あったとしたら、どれからしたか？

Aさんは苦手《にがて》なものから先《さき》に片付《かたづ》けようと思《おも》ったかもしれませんし、Bさんは簡単《かんたん》なものから始《はじ》めようと決《き》めたかもしれません。

同《おな》じ決《き》めることでも決《き》め方《かた》は人《ひと》それぞれであり、そこにはパターンがあります。

そしてその自分《じぶん》の決《き》め方《かた》を、多《おお》くの人《ひと》は「普通《ふつう》」だと思《おも》っているわけです。

でも、それ以外《いがい》にももっとよい決《き》め方《かた》があるかもしれません。

私《わたし》は今《いま》まで3万名《まんめい》以上《いじょう》の大人《おとな》の決《き》め方《かた》を分析《ぶんせき》してきました。

驚《おどろ》くことに、誰《だれ》ひとりとして同《おな》じ決《き》め方《かた》の人《ひと》を見《み》たことがありません。

やることがたくさんあったときに、どれからするかを決《き》めるのも人《ひと》それぞれですし、どのような判断《はんだん》をするかも人《ひと》それぞれなのです。

正《ただ》しい選択肢《せんたくし》を選《えら》ぶためには、正《ただ》しい決《き》め方《かた》をしなければなりません。

正《ただ》しい決《き》め方《かた》とは、決《き》められたプロセス（手順《てじゅん》）を辿《たど》って決《き》めることです。

例《たと》えば、カップラーメンを作《つく》るときにはまずビニールを破《やぶ》りますよね。次《つぎ》にふたの紙《かみ》を決《き》められたところまではがします。

次《つぎ》は中《なか》にスープや具材《ぐざい》が入《はい》っていれば取《と》り出《だ》します。薬味《やくみ》も取《と》り出《だ》します。そして熱湯《ねっとう》を注《そそ》ぎます。

決《き》められた時間《じかん》待《ま》ち、スープや具材《ぐざい》などを入《い》れてようやくできあがります。

しかし、手順《てじゅん》を間違《まちが》えてしまうと、おいしいカップラーメンはできません。

当《あ》たり前《まえ》だと思《おも》うかもしれませんが、決《き》め方《かた》にも手順《てじゅん》があります。

決《き》め方《かた》が上手《じょうず》な人《ひと》は、手順《てじゅん》を飛《と》ばすことなく、確実《かくじつ》に行《おこな》うのでよい判断《はんだん》ができるのです。

2-3 インバスケットとは

正《ただ》しい手順《てじゅん》を辿《たど》って判断《はんだん》するためには、「正《ただ》しい方法《ほうほう》を覚《おぼ》えればいい」と思《おも》うかもしれません。

もちろん覚《おぼ》えることも大事《だいじ》ですが、覚《おぼ》えているのと実際《じっさい》に使《つか》えるのはまた違《ちが》います。

あなたにも経験《けいけん》があるのではないでしょうか？　教《おし》えてもらって実際《じっさい》に試《ため》してみたけれど、実際《じっさい》は思《おも》った以上《いじょう》に難《むずか》しかったという経験《けいけん》が。

この問題《もんだい》を解決《かいけつ》するのが、インバスケットです。

インバスケットは簡単《かんたん》に言《い》うと、「覚《おぼ》えたこと」や「習《なら》ったこと」を「できる」に変《か》える、シミュレーションゲームです。

インバスケットでは、あるストーリーの主人公《しゅじんこう》になりきり、起《お》きる出来事《できごと》にどう対処《たいしょ》するのかを考《かんが》えて回答《かいとう》を書《か》きます。

そして、その回答《かいとう》を自分自身《じぶんじしん》で振《ふ》り返《かえ》り、どこかのプロセスが抜《ぬ》けていないか、どのようなプロセスを加《くわ》えるとよいのかをチェックするわけです。


「決《き》める」という行動《こうどう》は、一発勝負《いっぱつしょうぶ》です。

後《あと》で取《と》り消《け》しができないことがほとんどです。

しかし、インバスケットでシミュレーションすることで、「決《き》める」練習《れんしゅう》ができます。


実際《じっさい》に、大人《おとな》の世界《せかい》でリーダーと呼《よ》ばれる方々《かたがた》の多《おお》くが、このインバスケットを使《つか》ってトレーニングしたり、インバスケットのテストを受《う》けています。

そして、実際《じっさい》に現場《げんば》での決断《けつだん》や問題解決《もんだいかいけつ》を行《おこな》っています。


別《べつ》の人《ひと》と一緒《いっしょ》にこのインバスケットを行《おこな》うのも効果的《こうかてき》です。

実際《じっさい》に、先生《せんせい》が大人《おとな》に向《む》けてインバスケットを教《おし》えているインバスアカデミーでは、数名《すうめい》がひとつのグループを組《く》み、同《おな》じ問題《もんだい》に取《と》り組《く》んで、その回答《かいとう》を見《み》せ合《あ》いながら話《はな》し合《あ》います。

他《ほか》の人《ひと》のよい部分《ぶぶん》をいただける絶好《ぜっこう》のチャンスです。

私自身《わたしじしん》も、このインバスケットに出合《であ》い、人生《じんせい》が変《か》わったひとりです。

インバスケットと出合《であ》ったとき、それまで自分《じぶん》ではできると思《おも》っていたことが、これだけできないのかと驚《おどろ》き、ショックを受《う》けたものです。

でも、インバスケットを知《し》らなければ、きっと現場《げんば》で同《おな》じミスをしていたと思《おも》います。

ですから仮想空間《かそうくうかん》で失敗《しっぱい》をして、そしてそれを知《し》ることができたのはラッキーでした。

この本《ほん》でも、「こうするべきだ」という教《おし》え方《かた》はしません。

まず次《つぎ》の章《しょう》で紹介《しょうかい》するストーリーの主人公《しゅじんこう》になりきり、いろいろなクエストに対《たい》し、普段《ふだん》のあなたならどうするかを考《かんが》えてみてください。

そして、用意《ようい》されている選択肢《せんたくし》を見《み》て、自分《じぶん》の考《かんが》えに近《ちか》いものを選《えら》んでください。

あらかじめお話《はな》ししておきますが、インバスケットには答《こた》えがありません。

ですから、私《わたし》が解説《かいせつ》でお話《はな》ししているものと違《ちが》う選択肢《せんたくし》を選《えら》んだとしても、間《ま》違《ちが》いではありません。

ただ、**別《べつ》の方法《ほうほう》もあるのだな、と受《う》け取《と》るだけで、あなたの「決《き》める」引《ひ》き出《だ》しは増《ふ》える**のです。

ぜひ次《つぎ》の章《しょう》のストーリーを楽《たの》しんで、決《き》める達人《たつじん》になってくださいね。

第《だい》3章《しょう》

「自分《じぶん》で決《き》める力《ちから》」を育《そだ》てる14のクエスト

これからインバスケットゲームに挑戦《ちょうせん》しましょう。

このゲームを無事終《ぶじお》えたときには、あなたはきっと「決《き》める達人《たつじん》」になっているはずです。

ではインバスケットのルールを説明《せつめい》します。

ルールは3つです。

❶ 主人公《しゅじんこう》になりきる

主人公《しゅじんこう》は小学《しょうがく》6年生《ねんせい》の男《おとこ》の子《こ》です。

もしかしたらきみとは年齢《ねんれい》も違《ちが》うかもしれませんし、性別《せいべつ》も違《ちが》うかもしれません。

そして主人公《しゅじんこう》の家族《かぞく》や学校《がっこう》の環境《かんきょう》も違《ちが》うかもしれませんが、**主人公《しゅじんこう》になりきってこのゲームに挑戦《ちょうせん》してください。**

❷ 正解《せいかい》にこだわらない

先《さき》ほど説明《せつめい》したように、**インバスケットには正解《せいかい》がありません。**

ですので、まずはあなた自身《じしん》だったらどのように決《き》めるのか、普段《ふだん》の決《き》め方《かた》でいいので決《き》めることが大事《だいじ》です。

3 自分《じぶん》の力《ちから》を試《ため》そう

中《なか》には分《わ》からない判断《はんだん》もあるかもしれません。

しかし、ご両親《りょうしん》や友達《ともだち》に聞《き》かずに、自分自身《じぶんじしん》でゲームを楽《たの》しんでください。

自分《じぶん》の答《こた》えが出《で》た後《あと》に、周《まわ》りと比《くら》べるのはＯＫ《オーケー》です。

この3つだけを守《まも》って、インバスケットの世界《せかい》へ行《い》ってみましょう。

ただいまー
ねえ、ママ聞《き》いてよ！
さっきね、
ヒカルって子《こ》に会《あ》ったんだけど――…
なんだかすごく変《へん》な子《こ》だったの！
翔太《しょうた》
小学《しょうがく》６年生《ねんせい》
小《ちい》さな町《まち》で両親《りょうしん》と暮《く》らしている
――学校《がっこう》行《い》かないとお母《かあ》さんに怒《おこ》られる？
そんなの平気《へいき》さ！
そうだきみも一緒《いっしょ》に冒険《ぼうけん》しないか？
ヒカル
公園《こうえん》で出会《であ》った不思議《ふしぎ》な少年《しょうねん》
冒険《ぼうけん》はいいよぉ
世界中《せかいじゅう》いろんな町《まち》に行《い》って、いろんな食《た》べ物《もの》を食《た》べるんだ
冒険《ぼうけん》かぁ…いいね
でも、すぐには決《き》められないよ
ジャリ…

ははっ いつになったら 決《き》められるんだい？ 僕《ぼく》はきみを迎《むか》えに来《き》たってのに——
——ってさ！
あらまあ 今日《きょう》はずいぶん変《か》わった子《こ》と友達《ともだち》になったのね
冒険《ぼうけん》するのはいいけど、危《あぶ》ないことしちゃダメよ？
友達《ともだち》…？かは分《わ》かんない ちょっと行《い》ってみたいとは思《おも》ったけどさ…
ま、
あなたが決《き》められないことについては、ママもそのヒカルくんと一緒《いっしょ》の意見《いけん》ねえ
いつになったら決《き》められるようになるんだか……
ぐぅ。。

こないだも塾《じゅく》と友達《ともだち》と遊《あそ》ぶ予定《よてい》被《かぶ》らせてたり
やりたいこと増《ふ》やし過《す》ぎて手《て》が回《まわ》らなくなっちゃったり……しょっちゅうじゃない
も〜
うるさいなぁ〜
分《わ》かってるよぉ
ところでそのヒカルくんにもらった笛《ふえ》ってさどんな音《おと》がするの？
吹《ふ》かせてよ
だめ〜 僕《ぼく》がもらったの！
ええ〜
——いいかい？
僕《ぼく》に会《あ》いたいときはこの笛《ふえ》を吹《ふ》くんだ

ただし約束《やくそく》！
この笛《ふえ》を吹《ふ》くときは
ひとりで吹《ふ》くこと
これだけ守《まも》れば
僕《ぼく》はすぐに
きみのそばに行《い》くからね
きみに決《き》める力《ちから》が
ついたらきっと、
多《おお》くの悩《なや》みも
解決《かいけつ》するよ
さあ、出《で》かけよう冒険《ぼうけん》に！
そりゃ僕《ぼく》は「決《き》める」
のが苦手《にがて》だって
分《わ》かってるけど……
……まあ、
なるようになるさ

クエスト 1

「やることが多《おお》すぎて大《だい》パニック!」

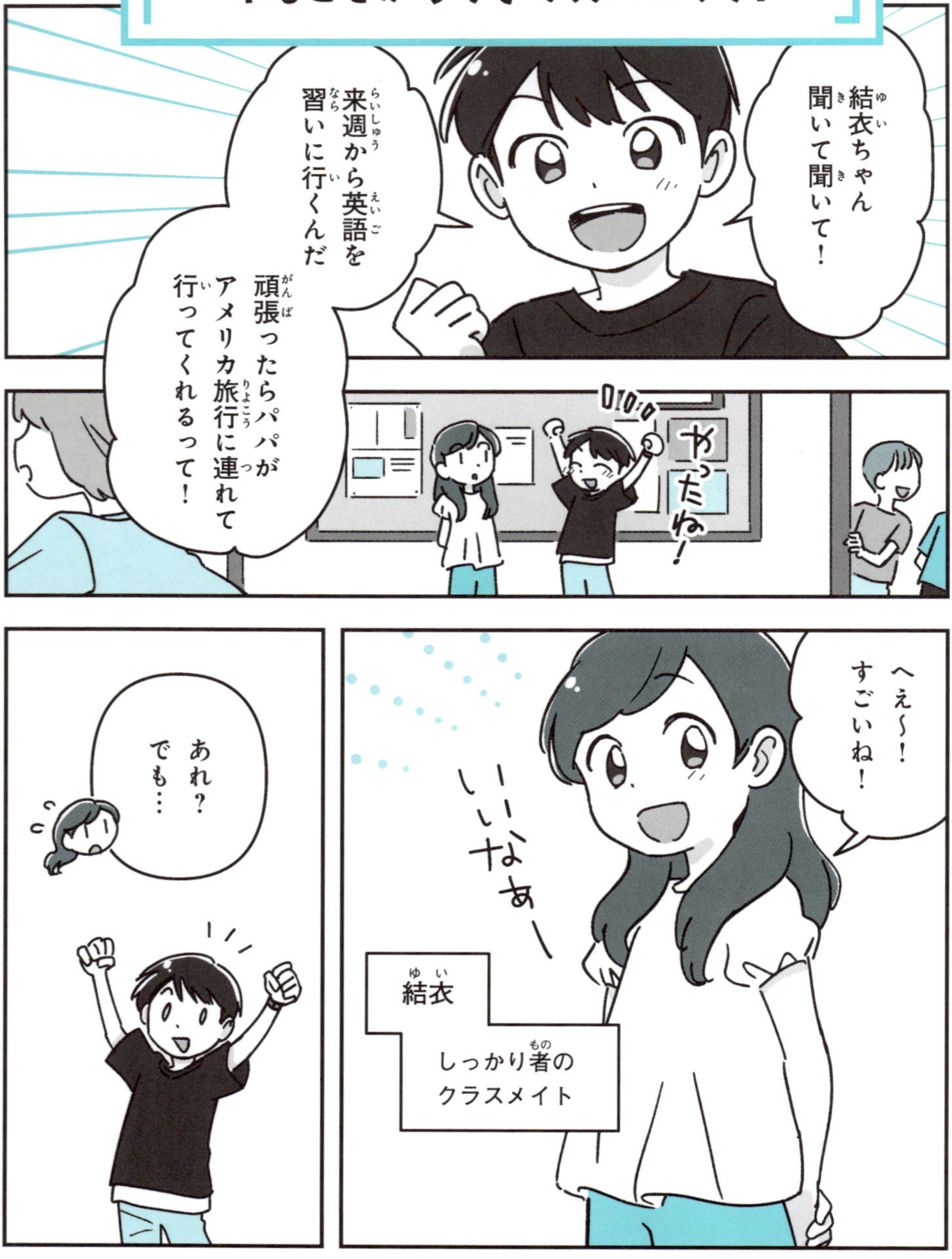

Q　あなたが翔太《しょうた》だったらどう判断《はんだん》しますか？

1. なんとか頑張《がんば》って全部《ぜんぶ》こなす
2. 一応《いちおう》やってみて、そこから好《す》きなものだけ続《つづ》ける
3. やることを並《なら》べてみて、やる順番《じゅんばん》を決《き》める

「大丈夫《だいじょうぶ》かって言《い》われると心配《しんぱい》になってきた」

翔太《しょうた》は結衣《ゆい》の心配《しんぱい》そうな顔《かお》を思《おも》い浮《う》かべながらつぶやいた。

英語《えいご》も習《なら》いたいけれど、友達《ともだち》とも遊《あそ》びたい。

塾《じゅく》にも行《い》かなければならない。

やりたいこと、やらなければならないことが続々《ぞくぞく》と頭《あたま》に浮《う》かんで、翔《しょう》太《た》の頭《あたま》の中《なか》は大混雑状態《だいこんざつじょうたい》のエレベーターの中《なか》のようになってきた。


翔太《しょうた》は頭《あたま》をかきむしりながら公園《こうえん》の前《まえ》を歩《ある》いていた。

すると、この前《まえ》ヒカルと出会《であ》ったベンチが見《み》えた。

「あいつはいいよな。やりたいことをやれて」

そのとき、翔太《しょうた》はふと、ヒカルは全部倍速《ぜんぶばいそく》で動《うご》くような裏技《うらわざ》を知《し》っているのではないかと思《おも》った。

そしてカバンの中《なか》から笛《ふえ》を出《だ》して、吹《ふ》いてみた。

「どうせデマだろう」

すると、例《れい》の変《へん》な歌声《うたごえ》が聞《き》こえてきた。振《ふ》り向《む》くと、ヒカルが大《おお》きなリュックを背負《せお》って陽気《ようき》な顔《かお》をしながら現《あらわ》れた。

「なんだい。困《こま》ったことでもあったのかい？」

翔太《しょうた》は一連《いちれん》の流《なが》れを話《はな》した。

するとヒカルは答《こた》えた。

「順番《じゅんばん》を付《つ》けたらどうだい？」

● 優《ゆう》先《せん》順《じゅん》位《い》を付《つ》ける

やることはたくさんあるけれど、時間《じかん》には限《かぎ》りがある。持《も》っている時間《じかん》では足《た》りないくらいやることが増《ふ》えると困《こま》るよね。

机《つくえ》の引《ひ》き出《だ》しと同《おな》じだね。

たくさん入《い》れたいけど、あまりたくさん入《い》れ過《す》ぎると中《なか》でつかえてしまって引《ひ》き出《だ》しが開《ひら》かなくなったり、無理《むり》に入《い》れると本《ほん》のページが折《お》れてしまったりする。

つまり、私《わたし》たちに与《あた》えられた時間《じかん》にも限《かぎ》りがあるんだね。


でもきみは、時間《じかん》の限《かぎ》りって見《み》たことがあるかい？　朝起《あさお》きたとき、学校《がっこう》が終《お》わったとき、まだまだ時間《じかん》があると思《おも》ったことはないかい？

でも、なぜかあっという間《ま》に時間《じかん》が過《す》ぎて、慌《あわ》てることがあると思《おも》う。

そんなとき、この優先順位設定力《ゆうせんじゅんいせっていりょく》を身《み》につけておくと、とても役《やく》に立《た》つんだ。

じゃあ、優先順位設定力《ゆうせんじゅんいせっていりょく》を身《み》につける方法《ほうほう》を教《おし》えよう。


優先順位《ゆうせんじゅんい》というのは「大事《だいじ》なことの順番《じゅんばん》を付《つ》けること」だ。

え？　全部大事《ぜんぶだいじ》だって？

もちろんそうかもしれないね。

ただ、「大事《だいじ》なものの中《なか》でもさらに大事《だいじ》なもの」を選《えら》ぶんだ。

それを可能《かのう》にするのがＴＯＤＯ《トゥードゥー》リストだ。

ＴＯＤＯ《トゥードゥー》リストとは、やることを書《か》きだしてみるということだよ。

多《おお》くの人《ひと》は頭《あたま》の中《なか》でやることを考《かんが》えているけれど、書《か》き出《だ》してみると、案外《あんがい》やることが少《すく》なくて安心《あんしん》したり、整理《せいり》ができてすっきりするよ。

そしてすべてを書《か》いて改《あらた》めて見《み》てみると、一緒《いっしょ》にできるものが見《み》つかることもある。

ＴＯＤＯ《トゥードゥー》リストを作《つく》ったら、次《つぎ》はやること（タスク）に重要度《じゅうようど》と緊急度《きんきゅうど》を付《つ》けてみよう。

● 緊急度《きんきゅうど》

これは期限《きげん》だとか約束《やくそく》の時間《じかん》だね。

塾《じゅく》の時間《じかん》だとか、友達《ともだち》の約束《やくそく》の時間《じかん》などがそれにあたる。

● 重要度《じゅうようど》

ここがポイントだ。

僕《ぼく》たちはやらなければならないことすべて大事《だいじ》だと思《おも》っている。

お風呂《ふろ》に入《はい》るのも大事《だいじ》だし、宿題《しゅくだい》も大事《だいじ》だよね。

でも、「大事《だいじ》」を少《すこ》し分解《ぶんかい》してみればおもしろいことが分《わ》かるんだ。

例《れい》を挙《あ》げよう。

「これをしなければ誰《だれ》に迷惑《めいわく》がかかる？」

この質問《しつもん》をしてみてほしい。

これは自分《じぶん》だけが困《こま》るのか、それともお母《かあ》さんやお父《とう》さんに迷惑《めいわく》がかかるのか？

友達《ともだち》も巻《ま》き込《こ》んでしまうのか？　と考《かんが》える大事《だいじ》な測《はか》り方《かた》だ。

もちろん迷惑《めいわく》をかける人数《にんずう》が多《おお》ければ多《おお》いほど迷惑度《めいわくど》は上《あ》がるだろうね。

そして、もうひとつ考《かんが》えてほしい質問《しつもん》がある。

「これをしなければいくら損《そん》するの？」

それをしないことできみが何《なに》を失《うしな》うのか考《かんが》えてみよう。

お小遣《こづか》いが減《へ》ってしまう。プレゼントがもらえない。友情《ゆうじょう》にひびが入《はい》る。

こう考《かんが》えると、我慢《がまん》すれば済《す》むこともよく分《わ》かるよ。

クエスト ②

「習《なら》い事《ごと》ばかりで疲《つか》れちゃった……」

Q

あなたが翔太《しょうた》だったら どう判断《はんだん》しますか？

1. 何《なに》をやめるかを決《き》める
2. 頑張《がんば》ってやってみる
3. 寝《ね》る時間《じかん》や勉強《べんきょう》する時間《じかん》を短《みじか》くする

翔太《しょうた》はなんとか頑張《がんば》ってこなそうと考《かんが》えたが、英会話《えいかいわ》の授業《じゅぎょう》にはついていけなくなり、友達《ともだち》からの誘《さそ》いも増《ふ》える一方《いっぽう》。どうしようもなくなり、ヒカルを笛《ふえ》で呼《よ》んだ。


ヒカルは即答《そくとう》した。

「何《なに》かをやめよう」

翔太《しょうた》は首《くび》を大《おお》きく振《ふ》る。

「やめるって無理《むり》、絶対無理《ぜったいむり》」

するとヒカルは水筒《すいとう》を出《だ》し、上《うえ》についている青《あお》いコップに水《みず》を注《そそ》いだ。翔太《しょうた》は自分《じぶん》にくれるのかとじっと見《み》ていたが、青《あお》いコップいっぱいになってもヒカルは注《そそ》ぐのをやめようとしない。

「おい、ヒカル、あふれるぞ」

案《あん》の定《じょう》、コップから水《みず》がこぼれだし、足元《あしもと》の砂《すな》の色《いろ》を変《か》える。

「おい、ヒカル。大丈夫《だいじょうぶ》か」

ヒカルはニカッと笑《わら》って翔太《しょうた》に言《い》った。

「これが今《いま》の翔太《しょうた》の状態《じょうたい》だ。水《みず》を止《と》めないといけない。分《わ》かったか」

やめることを決《き》める

小学生《しょうがくせい》や中学生《ちゅうがくせい》になると、やりたいことが爆発的《ばくはつてき》に多《おお》くなる。スポーツもやりたい、ゲームもやりたい、学校《がっこう》の部活《ぶかつ》や生徒会《せいとかい》の役割《やくわり》にも参加《さんか》したいかもしれない。

先《さき》ほどは順番《じゅんばん》を付《つ》ける方法《ほうほう》を紹介《しょうかい》した。しかし、優先順位《ゆうせんじゅんい》を付《つ》けることができたきみがやるべき次《つぎ》のステップは、「取捨選択《しゅしゃせんたく》」だ。

じゃあ捨《す》てる判断《はんだん》はどうやってやるのか教《おし》えよう。

ポイントは3つある。

❶ ルールを作《つく》る

友達《ともだち》と遊《あそ》んでいると楽《たの》しいよね。でも夜遅《よるおそ》くまでは遊《あそ》ばない。それはなぜだろう。

答《こた》えはルールがあるからだ。

18時《じ》には家《いえ》に帰《かえ》らなければならないといった約束《やくそく》があるから、楽《たの》しくても、もっと遊《あそ》びたくても帰《かえ》ろうと決《き》めるよね。

この帰《かえ》るという判断《はんだん》は、「捨《す》てる」という判断《はんだん》に似《に》ている。

このように、**ルールには「捨《す》てる」という判断《はんだん》を後押《あとお》ししてくれる力《ちから》がある。**

家族《かぞく》と相談《そうだん》して「習《なら》い事《ごと》はふたつまで」というルールを作《つく》ったり、何《なに》か買《か》ってもらうときは何《なに》かを捨《す》てるというルールを作《つく》ると、「捨《す》てる」判断《はんだん》ができるかっこいい人《ひと》になる。

❷ 自分《じぶん》に質問《しつもん》してみよう

先生《せんせい》は、釣《つ》り道具《どうぐ》をたくさん持《も》っている。

大事《だいじ》な釣《つ》り道具《どうぐ》だから捨《す》てたくないけれど、捨《す》てようと思《おも》ったときに必《かなら》ず自分《じぶん》の中《なか》の自分《じぶん》がこう言《い》うんだ。

「それは今《いま》捨《す》てなくてもいいだろう。きっと捨《す》てると後悔《こうかい》するよ」

こう考《かんが》えるのは先生《せんせい》だけじゃないと思《おも》う。きっときみもそうだろう。

「それは大事《だいじ》なものだよ。捨《す》てたくないだろう」

このようなささやき声《ごえ》が聞《き》こえたら、勇気《ゆうき》を出《だ》して言《い》い返《かえ》してほしいんだ。

「じゃあ、それはいつ使《つか》うの？」


このように自分《じぶん》に質問《しつもん》すると、捨《す》ててもいいかもしれないと思《おも》えるんだ。

「いつか使《つか》うって、最後《さいご》に使《つか》ったのはいつだろう？」

「捨《す》てたら別《べつ》のものをそこに置《お》けるよ」

このように話《はな》しかけてあげると、捨《す》てることができるようになるかもしれない。

❸ 仮《かり》に捨《す》ててみる

❶と❷の方法《ほうほう》でうまくいった人《ひと》はこの方法《ほうほう》は試《ため》さなくてもいいよ。

そして、すごくかっこいい判断《はんだん》ができたね。素晴《すば》らしい。

でも、捨《す》てるという判断《はんだん》はとても勇気《ゆうき》のいるものなんだ。そして、一度《いちど》はできても、またできなくなることもあるかもしれない。

そのようなときは、この方法《ほうほう》を試《ため》してほしい。

「捨《す》てる予行練習《よこうれんしゅう》をする」。

例《たと》えば、釣《つ》り道具《どうぐ》を捨《す》てるとするよね。でも捨《す》てた後《あと》に、ひょっとしたら後悔《こうかい》するかもしれないという心配《しんぱい》が出《で》てくる。

そんなときに「捨《す》てる練習《れんしゅう》」をするんだ。

段《だん》ボールの箱《はこ》をゴミ箱《ばこ》だということにして、そこに捨《す》てたつもりになる。

もちろん段《だん》ボールの箱《はこ》なので、もし必要《ひつよう》になったらまた取《と》り出《だ》すことができる。

これなら安心《あんしん》して捨《す》てることができるよね。


「え？　それじゃ捨《す》てたことにならないんじゃないの？」

その意見《いけん》はもっともだ。すぐに取《と》り出《だ》せるからね。

でもその箱《はこ》には期限《きげん》を書《か》いておくんだ。1週間後《しゅうかんご》だとか2週間後《しゅうかんご》でもいい。その期限《きげん》になったら捨《す》てるんだよ。だから、仮《かり》の捨《す》てる場所《ばしょ》を作《つく》るわけだ。

この方法《ほうほう》はなかなかいい。

パソコンでもごみ箱機能《ばこきのう》があるけれど、それは本当《ほんとう》に捨《す》てたわけではなく、しばらくの間取《あいだと》り出《だ》すことができる。

捨《す》てる不安《ふあん》をなくすと、簡単《かんたん》に捨《す》てることができるんだ。

捨《す》てるのが苦手《にがて》な人《ひと》は、ぜひ試《ため》してほしい。

いっぱいになったら「何《なに》かを捨《す》てなければならない」。そう考《かんが》えられる人《ひと》は、超《ちょう》難《むずか》しい「決《き》める」技《わざ》を繰《く》り出《だ》せる人《ひと》だと思《おも》うね。

クエスト 3

「どっちにしたらいいか決《き》められない！」

Q あなたが翔太《しょうた》だったら結衣《ゆい》にどんなアドバイスをしますか？

1. お母《かあ》さんの言《い》う通《とお》りにするようにアドバイスする
2. 結衣《ゆい》の好《す》きな学校《がっこう》に行《い》くようにアドバイスする
3. 他《ほか》に方法《ほうほう》がないか考《かんが》えてその上《うえ》で比《くら》べるようにアドバイスする

翔太《しょうた》は笛《ふえ》を吹《ふ》いた。ヒカルはまた変《へん》な歌《うた》を歌《うた》いながら歩《ある》いてきた。
ヒカルは翔太《しょうた》の話《はなし》を聞《き》いて答《こた》えを出《だ》した。
「どちらが正《ただ》しいわけでもないからね。ただ、ベストな選択《せんたく》をするには比《くら》べることだよ」

● 比《くら》べてみる

いくつかの選択肢《せんたくし》からふさわしいものを選《えら》ぶことを「選択《せんたく》」と呼《よ》ぶよ。

実《じつ》は人生《じんせい》はこの選択《せんたく》の繰《く》り返《かえ》しなんだ。

大《おお》きな選択《せんたく》だと、今回《こんかい》のような「進学《しんがく》」だとか、大人《おとな》になったら「結婚《けっこん》」や「就職《しゅうしょく》」などもある。

小《ちい》さな選択《せんたく》だと、どの服《ふく》で学校《がっこう》に行《い》こうか、どの友達《ともだち》と遊《あそ》ぼうかなどの選択《せんたく》もある。

いずれにしても、どれを選《えら》ぶかでその後《あと》の運命《うんめい》が変《か》わるので、できるだけ失敗《しっぱい》はしたくないよね。

そこで今回《こんかい》はベストな選択《せんたく》をする方法《ほうほう》について考《かんが》えていこう。

やり方《かた》は簡単《かんたん》だ。

まず「選択肢《せんたくし》を作《つく》る」ことから始《はじ》める。

今回《こんかい》のクエストでは、選択肢《せんたくし》は公立中学校《こうりつちゅうがっこう》と私立中学校《しりつちゅうがっこう》のふたつが上《あ》がっているよね。

でも他《ほか》の選択肢《せんたくし》はないのかな。

少《すこ》し考《かんが》えてみよう。

例《たと》えば、「このふたつの中学校以外《ちゅうがっこういがい》の中学校《ちゅうがっこう》」も選択肢《せんたくし》かもしれないし、「友達《ともだち》を公立中学校《こうりつちゅうがっこう》に誘《さそ》う」などの選択肢《せんたくし》も出《で》てくると思《おも》うよ。

次《つぎ》に、考《かんが》え付《つ》いた選択肢《せんたくし》を4つくらいに絞《しぼ》ろう。

選択肢《せんたくし》を「できるか」という基準《きじゅん》でもいいし、いくつかの選択肢《せんたくし》を合《あ》わせてまとめてみてもいいね。

選択肢《せんたくし》が多《おお》すぎると選《えら》びにくくなるからね。


ちなみに、きみはジャムは好《す》きかな?

昔《むかし》、ある研究《けんきゅう》で、こんな実験《じっけん》が行《おこな》われたんだ。

それはふたつのグループにジャムを選《えら》ばせるという実験《じっけん》だ。

グループA：24種類《しゅるい》のジャムから好《す》きなものを選《えら》ぶ
グループB：6種類《しゅるい》のジャムから好《す》きなものを選《えら》ぶ
結果《けっか》はグループAの方《ほう》がグループBよりもジャムを選《えら》ぶのに時間《じかん》がかかり、選《えら》んだジャムにも満足《まんぞく》していないという結果《けっか》が発見《はっけん》された。

つまり、あまり選択肢《せんたくし》を多《おお》くすると、その中《なか》から選《えら》ぶのが大変《たいへん》なんだ。

だから選択肢《せんたくし》は4つくらいがちょうどよいだろうね。

さて、ここから選択肢《せんたくし》を絞《しぼ》るわけだが、ここで決《き》める達人《たつじん》は「あること」をする。

それが、**「点数《てんすう》をつける」**だ。

選択肢《せんたくし》が4つくらいに絞《しぼ》られたら、点数《てんすう》をつけていこう。

点数《てんすう》は選《えら》ぶ基準《きじゅん》でつけるんだよ。

例《たと》えば、「友達《ともだち》が大事《だいじ》」「部活《ぶかつ》が大事《だいじ》」というふたつの基準《きじゅん》があったら、1位《い》2位《い》を決《き》めるんだ。

1位《い》は2位《い》の倍《ばい》の点数《てんすう》をつけてみてもいいね。

さあ、点数《てんすう》をつけると下《した》の表《ひょう》のような順番《じゅんばん》になったけど、最後《さいご》は結局自分《けっきょくじぶん》で決《き》めな

項目《こうもく》	重要度《じゅうようど》	A中学《ちゅうがく》	B中学《ちゅうがく》	C中学《ちゅうがく》
友達《ともだち》	1位《い》（点数《てんすう》×3）	○（6点《てん》）	△（3点《てん》）	△（3点《てん》）
部活《ぶかつ》	2位《い》（点数《てんすう》×2）	△（2点《てん》）	○（4点《てん》）	△（2点《てん》）
快適《かいてき》さ	3位《い》（点数《てんすう》×1）	○（2点《てん》）	○（2点《てん》）	○（2点《てん》）
合計点《ごうけいてん》		10点《てん》	9点《てん》	7点《てん》

※○：2点《てん》、△：1点《てん》

ければならない。

点数《てんすう》が高《たか》いものが絶対《ぜったい》に正解《せいかい》かなんて分《わ》からないからね。

ただ、選択肢《せんたくし》を作《つく》り、絞《しぼ》って点数《てんすう》をつけることで、頭《あたま》が整理《せいり》されて選《えら》びやすくなるんだ。

この工程《こうてい》が大事《だいじ》なんだね。


選《えら》ぶということは比較《ひかく》することなんだけれど、頭《あたま》の中《なか》で比較《ひかく》すると、こんがらがって分《わ》からなくなっちゃうよね。

だから、「優先順位《ゆうせんじゅんい》を付《つ》ける」という成功率《せいこうりつ》の高《たか》い選《えら》び方《かた》を紹介《しょうかい》したよ。

きみはこれから多《おお》くの選択《せんたく》をすることになると思《おも》う。

これらの選択《せんたく》では、すでに用意《ようい》された選択肢《せんたくし》がきみの前《まえ》の提示《ていじ》されるだろう。

それらの選択肢《せんたくし》の多《おお》くは、今《いま》まで多《おお》くの人《ひと》が選《えら》んできた経験《けいけん》から生《う》まれた非常《ひじょう》に安心《あんしん》できるものに見《み》えるかもしれない。

しかし、選択肢《せんたくし》は自分自身《じぶんじしん》で作《つく》ろう。与《あた》えられた選択肢《せんたくし》の中《なか》だけで選《えら》んではいけない。

なぜなら、用意《ようい》された選択肢《せんたくし》だけから選《えら》ぶということは、本当《ほんとう》に自分《じぶん》で決《き》めたことにならないからだ。

誰《だれ》もが考《かんが》え付《つ》かない選択肢《せんたくし》や、みんながびっくりするような選択肢《せんたくし》もあってもいいと思《おも》う。

そしていくつかの選択肢《せんたくし》と比較《ひかく》して決《き》めたのなら、先生《せんせい》は素晴《すば》らしい判断《はんだん》だと思《おも》うよ。

今回《こんかい》のクエストできみが結衣《ゆい》ちゃんに助言《じょげん》するとすれば、どの中学校《ちゅうがっこう》に行《い》った方《ほう》がよいかという具体的《ぐたいてき》な助言《じょげん》より、彼女《かのじょ》に選《えら》び方《かた》を教《おし》える方《ほう》が、未来《みらい》の彼女《かのじょ》のためにもいいかと思《おも》うね。

クエスト4

「親友《しんゆう》がやめておいた方《ほう》がいいって言《い》うの」

Q あなたが翔太《しょうた》だったら結衣《ゆい》に どんなアドバイスをしますか？

1. 小春《こはる》ちゃんが言《い》う通《とお》りどんな学校《がっこう》か分《わ》からないからやめるよう伝《つた》える
2. 新《あたら》しい学校《がっこう》だと新《あたら》しいことができるので挑戦《ちょうせん》するといいと伝《つた》える
3. まずは昔《むかし》からある学校《がっこう》に行《い》って、様子《ようす》を見《み》て転校《てんこう》したらいいと伝《つた》える翔太《しょうた》が笛《ふえ》を吹《ふ》くと、しばらくして歌声《うたごえ》が聞《き》こえてきた。翔太《しょうた》は尋《たず》ねる。

「きみはこの笛《ふえ》をどこで聞《き》いているの？　ずっと僕《ぼく》のそばにいるのかい」

ヒカルは答《こた》える。

「近《ちか》くと言《い》えば近《ちか》いけど、あまりべたべたくっつくと気持《きも》ち悪《わる》いでしょう」

照《て》れているのか頬《ほお》を少《すこ》し赤《あか》くしながら、

「それはそうと、また悩《なや》みがあるのかい」

ヒカルは照《て》れを隠《かく》すように真剣《しんけん》な表情《ひょうじょう》で翔太《しょうた》に言《い》った。

「そうそう。実《じつ》はね……」


ヒカルは話《はなし》を聞《き》いて答《こた》えた。

「僕《ぼく》の冒険《ぼうけん》と同《おな》じだね。新《あたら》しい体験《たいけん》ができるけど、確《たし》かに危険《きけん》もあるね。でもそれから逃《に》げているよりも、僕《ぼく》は挑戦《ちょうせん》する方《ほう》をすすめるね」

挑戦《ちょうせん》する判断《はんだん》

何《なに》かに挑戦《ちょうせん》するときはどきどきしてしまうよね。もし失敗《しっぱい》したらどうしよう。失敗《しっぱい》するくらいなら挑戦《ちょうせん》しない方《ほう》がいいかも、と考《かんが》える人《ひと》も多《おお》いね。挑戦《ちょうせん》すると確《たし》かに失敗《しっぱい》する確率《かくりつ》はある。いや失敗《しっぱい》をするものだと思《おも》った方《ほう》がいい。

でも**挑戦《ちょうせん》する人《ひと》だけが手《て》に入《い》れることができるもの**もある。

まず、**自分《じぶん》の可能性《かのうせい》を広《ひろ》げる**ことができるよ。今《いま》まで通《どお》りの同《おな》じところにい続《つづ》けるだけだと、自分《じぶん》の力《ちから》があってもそれを使《つか》う場面《ばめん》は少《すく》なくなってしまう。何《なに》か新《あたら》しいことへの挑戦《ちょうせん》を経験《けいけん》すると自信《じしん》もつくよ。

次《つぎ》に、**経験《けいけん》を得《え》る**ことができる。知《し》っているかな？　人《ひと》が成長《せいちょう》する一番《いちばん》の要素《ようそ》は、勉強《べんきょう》ではなく経験《けいけん》だ。特《とく》に失《しっ》敗《ぱい》する経験《けいけん》は、人《ひと》を成長《せいちょう》させると言《い》われている。

失敗《しっぱい》して、「こうすると失敗《しっぱい》するのか」と知《し》ることも、賢《かしこ》くなっている証拠《しょうこ》だ。少《すく》なくとも、次《つぎ》は成功《せいこう》する確率《かくりつ》が上《あ》がっていく。

この繰《く》り返《かえ》しを重《かさ》ねると、困難《こんなん》も乗《の》り越《こ》えることができるはずだよ。

この他《ほか》にも、挑戦《ちょうせん》することで新《あたら》しいアイデアも生《う》まれるし、乗《の》り越《こ》える自信《じしん》もつくなど、いいこともかなりある。


学校《がっこう》の先生《せんせい》から、クラスの中《なか》である役割《やくわり》をしてほしいとお願《ねが》いされたとしよう。きみはこの事態《じたい》をどうとらえるかな。「チャンス」なのか「ピンチ」なのか？

どちらにとらえても「決《き》める世界《せかい》」では間違《まちが》いではない。

ただ先生《せんせい》は、それを「チャンス」だととらえてほしい。

なぜなら、そうとらえた方《ほう》が得《え》られるものが多《おお》いからだ。

物事《ものごと》は表裏一体《ひょうりいったい》であり、ときには大《おお》ピンチもチャンスになりうる。

「本当《ほんとう》にこの事態《じたい》はピンチなのか？　チャンスととらえることはできないか？」

こう考《かんが》えることが決《き》め方《かた》の達人《たつじん》の考《かんが》え方《ほう》なんだ。

ただし、何《なん》でも挑戦《ちょうせん》しろと言《い》っているわけではない。

これから**挑戦《ちょうせん》することを決《き》める方法《ほうほう》**を説明《せつめい》しよう。

まず、挑戦《ちょうせん》することを正《ただ》しく観察《かんさつ》しよう。これを**事実確認《じじつかくにん》**と呼《よ》ぶ。チャンスを運《はこ》んでくる人《ひと》の中《なか》には悪《わる》い人《ひと》もいて、きみをだまそうとしているかもしれない。だから、話《はなし》が事実《じじつ》かどうかをきちんと確認《かくにん》しよう。

そして次《つぎ》は、**挑戦《ちょうせん》する時期《じき》**を考《かんが》えよう。

例《たと》えば、富士山《ふじさん》に登《のぼ》ろうと決《き》めるとする。

もちろん富士山《ふじさん》は日本《にほん》で一番高《いちばんたか》い山《やま》なので、そう簡単《かんたん》には頂上《ちょうじょう》まで登《のぼ》れない。だから準備《じゅんび》も必要《ひつよう》だ。トレーニングもしなければならない。それに季節《きせつ》も登山《とざん》に適《てき》した時期《じき》がある。

挑戦《ちょうせん》するにはタイミングを図《はか》るのは大事《だいじ》なんだ。

次《つぎ》に、周《まわ》りに相談《そうだん》をしてみよう。挑戦《ちょうせん》するからには成功《せいこう》したい。そうであれば、周《まわ》りから助言《じょげん》を得《え》ることだ。これをすれば成功確率《せいこうかくりつ》は爆上《ばくあ》がりだ。

そして次《つぎ》に実行《じっこう》だ。多《おお》くの人《ひと》がこのプロセスでつまずく。ときには、ここで不安《ふあん》を感《かん》じて再《ふたた》び最初《さいしょ》のプロセスに戻《もど》ってしまう人《ひと》もいる。だから、**挑戦《ちょうせん》するには考《かんが》えて決《き》めたことを実行《じっこう》することが大《おお》きなコツ**だ。

これは挑戦《ちょうせん》するということだけに限《かぎ》らない。**決《き》め方《かた》の達人《たつじん》**は「じっくり考《かんが》えて決《き》める」人《ひと》ではない。**「決《き》めたことをすぐに実行《じっこう》する」**人《ひと》なんだ。なぜこの方法《ほうほう》がよいかというと、実行《じっこう》しないとどうなるか分《わ》からないし、悩《なや》んでいる時間《じかん》がもったいないからだ。

もちろん初《はじ》めてのことは緊張《きんちょう》するかもしれない。

だからいきなり大《おお》きな挑戦《ちょうせん》をしなくてもいいと思《おも》う。自分《じぶん》のペースで小《ちい》さな挑《ちょう》戦《せん》から始《はじ》めていくといい。

この話《はなし》を聞《き》いても挑戦《ちょうせん》という決《き》め方《かた》に躊躇《ちゅうちょ》するのであれば、とにかく挑戦《ちょうせん》して得《え》られるものを想像《そうぞう》してみよう。

失敗《しっぱい》することが頭《あたま》に浮《う》かぶかもしれないけれど、大丈夫《だいじょうぶ》。成功《せいこう》したときのことを考《かんが》えよう。

これがいわゆるイメージトレーニングだ。

でも、あまりここに時間《じかん》を掛《か》け過《す》ぎないようにしてね。「できるかも」と思《おも》ったらすぐにやってみよう。

きっと新《あたら》しい世界《せかい》が開《ひら》けるはずだよ。

クエスト5

「自分《じぶん》の進路《しんろ》は誰《だれ》が決《き》める？」

Q

あなたが翔太《しょうた》だったら どのような判断《はんだん》をしますか？

1. ゲーム制作《せいさく》の道《みち》を選《えら》ぶ
2. お母《かあ》さんのすすめる公務員《こうむいん》を選《えら》ぶ
3. 学校《がっこう》の先生《せんせい》に決《き》めてもらう

翔太《しょうた》は結衣《ゆい》と話《はな》し合《あ》ってから部屋《へや》でずっと考《かんが》えた。

ヒカルはどうしてあんなに自由《じゆう》なんだろう。それに引《ひ》き換《か》え自分《じぶん》は、前《まえ》に進《すす》もうとすると周《まわ》りからブレーキを掛《か》けられたり、何《なに》やら狭《せま》い箱《はこ》の中《なか》に閉《と》じ込《こ》められているような気《き》すらする。

そう考《かんが》えていると、ヒカルと話《はな》したくなった。でも今《いま》は公園《こうえん》に行《い》けない。試《ため》しに部屋《へや》で笛《ふえ》を吹《ふ》いてみた。気休《きやす》めになるかと思《おも》ったのである。

すると、クローゼットの扉《とびら》が開《ひら》いて、ヒカルが目《め》をこすりながら現《あらわ》れた。翔太《しょうた》は跳《は》ね飛《と》ばされるかのように後《うし》ろに下《さ》がり、口《くち》を押《おさ》えた。

「驚《おどろ》いた。ヒカル、寝《ね》てたの」

「そりゃ僕《ぼく》だって人間《にんげん》だよ。寝《ね》るよ。で、何《なん》なの？」

ヒカルは顔《かお》を手《て》でこすりながら眠《ねむ》そうに言《い》った。

「ヒカルはどうしてそんなに自由《じゆう》なの？」

「なんだそんなことか」

「なんだって……ひどいな。僕《ぼく》は真剣《しんけん》に悩《なや》んでいるんだ」

ヒカルはニカッと笑《わら》って返《かえ》した。

「悪《わる》い悪《わる》い。何《なに》を悩《なや》んでいるんだい」

翔太《しょうた》は下《した》を向《む》きながら言《い》った。

「僕《ぼく》は僕《ぼく》でやりたいことがあるのに、周《まわ》りがそれを許《ゆる》してくれないんだ」

ヒカルは翔太《しょうた》の顔《かお》を覗《のぞ》き込《こ》んで考《かんが》えた。

「でも、もう道《みち》は決《き》まっているんだろう？」

「決《き》まっていないから相談《そうだん》しているんじゃないか」

ヒカルはきりっとして言《い》い切《き》った。

「だってさっききみは『やりたいことがある』と僕《ぼく》に言《い》ったじゃないか」

自分《じぶん》の考《かんが》えを持《も》つ

自分《じぶん》より強《つよ》い相手《あいて》の前《まえ》で自分《じぶん》の考《かんが》えを伝《つた》えることは勇気《ゆうき》がいることだね。

でも、自分《じぶん》の意見《いけん》を周《まわ》りに伝《つた》えることは、とても大切《たいせつ》な行動《こうどう》なんだ。

自分《じぶん》の考《かんが》えを伝《つた》えることは、自分《じぶん》の考《かんが》えを理解《りかい》してもらうとともに、相手《あいて》とコミュニケーションを続《つづ》けていくために必要《ひつよう》なんだ。


伝達《でんたつ》50%《パーセント》の法則《ほうそく》というものがある。

これは、自分《じぶん》が伝《つた》えていることを相手《あいて》は１００％《パーセント》理解《りかい》してくれるはずだと思《おも》っているけれど、実際《じっさい》には半分《はんぶん》ほどしか伝《つた》わっていないということなんだ。

ましてや、何《なに》も言《い》わないのに相手《あいて》が悟《さと》って理解《りかい》してくれるということは、魔法《まほう》をかけない限《かぎ》りは無理《むり》かもね。


自分《じぶん》より立場《たちば》の強《つよ》い人《ひと》や、発言力《はつげんりょく》があるクラスメートが自分《じぶん》と違《ちが》うことを言《い》っていると、躊躇《ちゅうちょ》するかもしれない。

でも、きみ自身《じしん》が決《き》めたこと、特《とく》に今回《こんかい》のような自分《じぶん》の将来《しょうらい》に関《かか》わる大事《だいじ》なことは、自分《じぶん》の考《かんが》えを大事《だいじ》にしなければならない。

たとえ、相手《あいて》が正反対《せいはんたい》の意見《いけん》を持《も》っていたとしても、自分《じぶん》の考《かんが》えをひるまず伝《つた》えよう。

勇気《ゆうき》がいるけれど、相手《あいて》の意見《いけん》に合《あ》わせたりする必要《ひつよう》はない。合《あ》わせてしまうと、きみ自身《じしん》の考《かんが》えではなくなってしまう。

決《き》める達人《たつじん》というのは、この伝《つた》え方《かた》も達人《たつじん》なんだ。

そして自分《じぶん》の意見《いけん》を伝《つた》える力《ちから》は、使《つか》えば使《つか》うほど上手《じょうず》になる。自分《じぶん》の意見《いけん》を伝《つた》える言葉《ことば》も覚《おぼ》えられるし、相手《あいて》に自分《じぶん》の意見《いけん》を伝《つた》えると、相手《あいて》から質問《しつもん》や意見《いけん》がもらえるだろう。これがきみの価値観《かちかん》を確立《かくりつ》させることになる。

つまり学習《がくしゅう》できるんだ。

自分《じぶん》の意見《いけん》を伝《つた》えることができれば、生《い》きていくのが楽《たの》しくなるよ。いろいろなことに参加《さんか》できるし、ひょっとしたら世界《せかい》も変《か》えることができるかもしれない。

では、**自分《じぶん》の意見《いけん》の伝《つた》え方《かた》**を教《おし》えるね。

まず、**相手《あいて》の話《はなし》をしっかりと聞《き》く**ことだ。途中《とちゅう》で思《おも》ったことがあっても、相手《あいて》が言葉《ことば》のボールを投《な》げ終《お》わるまで待《ま》とう。これがルールだよ。

そして、**相手《あいて》が話《はな》し終《お》わったらほめる。**たとえ投《な》げ方《かた》が悪《わる》くても、ほめるところを見《み》つけると、相手《あいて》は喜《よろこ》んでもう一度《いちど》ボールを投《な》げたいと思《おも》うんだ。

そうすると、きみのボールもしっかりと受《う》け止《と》めてくれることになる。

そのうえで、**相手《あいて》に分《わ》かるようにきみの意見《いけん》を伝《つた》えよう。**

これを**論理的《ろんりてき》に伝《つた》える。**かっこよく言《い》うとロジカルに伝《つた》えるともいう。

いいかい。ここがポイントだよ。


きみが友達《ともだち》を遊《あそ》びに誘《さそ》ったとしよう。

このときに友達《ともだち》が「無理《むり》」と返事《へんじ》をしたら、どう思《おも》うかな。納得《なっとく》しないよね。

だから伝《つた》える内容《ないよう》はふたつだ。自分《じぶん》の気持《きも》ちや意見《いけん》と、そう思《おも》った理由《りゆう》を伝《つた》えよう。

例《たと》えば、こう言《い》われたらどうだろうか。

「今《いま》からお母《かあ》さんと歯医者《はいしゃ》に行《い》かなきゃいけないから無理《むり》なんだ」

どうだい、納得《なっとく》するだろう。

論理的《ろんりてき》に伝《つた》えることができると、大人《おとな》になってもすごく便利《べんり》で、得《とく》をすることばかりだ。交渉《こうしょう》の達人《たつじん》にもなれるよ。

この言葉《ことば》のキャッチボールは、友達《ともだち》とだけじゃなく、先生《せんせい》やお母《かあ》さん、お父《とう》さんなどの家族《かぞく》ともやってみよう。キャッチボールの数《かず》が多《おお》いほど、相手《あいて》のことをよく知《し》れるし、きみの言《い》いたいことが理解《りかい》してもらえる確率《かくりつ》も上《あ》がる。

すると次《つぎ》は、キャッチボールが早《はや》くしたくて待《ま》ちきれなくなるよ。

クエスト6

「ゲームを禁止《きんし》されちゃった」

最悪《さいあく》
ゲーム禁止《きんし》になってしまった
終《お》わった
よろり…
ひょえ
ゲームはきみの人生《じんせい》じゃないか……
どうして
宿題《しゅくだい》せずにゲームばかりって、ママがぶちぎれた
もうゲーム禁止《きんし》!!
どのくらいゲームしてたの
そんなに長《なが》い時間《じかん》やってない
4時《じ》に帰《かえ》って6時《じ》まで
ん？
帰《かえ》ってからほとんどじゃないか

Q あなたが翔太《しょうた》だったら どう判断《はんだん》しますか？

1. お母《かあ》さんの機嫌《きげん》がなおるまでゲームは我慢《がまん》する
2. お母《かあ》さんと話《はな》してルールを一緒《いっしょ》に決《き》める
3. お父《とう》さんにヘルプを頼《たの》む

ヒカルは言《い》った。

「まあ、お母《かあ》さんが冷静《れいせい》になっているときに一緒《いっしょ》にルールを作《つく》るべきだね」

翔太《しょうた》は言《い》った。

「ルールはお母《かあ》さんが作《つく》るものじゃないの？」

「そんなことない。ルールは一緒《いっしょ》に作《つく》るものだし、できてしまったら変《か》えるのは大変《たいへん》だ。だからルールを作《つく》るところは頑張《がんば》らないとね」

● 一緒《いっしょ》にルールを作《つく》ろう

みんなはルールを守《まも》って生活《せいかつ》しているかな？

私《わたし》たちの周《まわ》りにはさまざまなルールがあるよね。

学校《がっこう》では「遅刻《ちこく》しない」というルールがあり、家《いえ》ではスマホやゲームの時間《じかん》のルールがあるかもしれないね。街中《まちなか》では、赤信号《あかしんごう》はわたってはいけないというルールもある。


そもそも、ルールはなぜあるのだろう。

それは、みんながトラブルなく気持《きも》ちよく過《す》ごすためにあるんだ。

ルールがないとみんなが違《ちが》う行動《こうどう》を取《と》って、学校《がっこう》では勉強《べんきょう》できないし、街中《まちなか》では交通事故《こうつうじこ》も起《お》きてしまう。

だからルールを守《まも》らなくてはいけない。


それだけではない。

ルールを作《つく》るという判断《はんだん》も大事《だいじ》だ。

先《さき》ほど言《い》ったように、ルールはみんなが気持《きも》ちよく暮《く》らすためにあるものだ。

だから、誰《だれ》かが一方的《いっぽうてき》にルールを決《き》めて、それをみんなが守《まも》らなくてはいけないというのはおかしな話《はなし》だ。

問題《もんだい》があれば、それをみんなで話《はな》し合《あ》い、納得《なっとく》してルールを作《つく》る。

これが大事《だいじ》なんだ。

これを**ルールメイキング**と呼《よ》ぶ。

ルールは一度《いちど》でき上《あ》がるとみんなが責任《せきにん》を持《も》って守《まも》らなければならない。

ルールを破《やぶ》ると罰則《ばっそく》もあるかもしれない。

だからこそ、ルールを作《つく》るということはとても大事《だいじ》なことなんだ。

決《き》める達人《たつじん》は、その重要性《じゅうようせい》を知《し》っている。

大人《おとな》になると、このルールはいたるところにあり、それに従《したが》って仕事《しごと》をしたり生活《せいかつ》をすることになる。

少《すこ》し大《おお》げさに言《い》うと、大人《おとな》になるとルールを作《つく》る人《ひと》と、ルールに従《したが》って暮《く》らす人《ひと》のふたつに分《わ》かれると言《い》ってもいいだろう。

きみはどっちになりたいかな。

ルールを作《つく》るというのは大変《たいへん》かもしれないけれど、ルールを作《つく》るとみんなが快《かい》適《てき》になるし、トラブルが減《へ》る。ずるい言《い》い方《かた》かもしれないが、きみが有利《ゆうり》になるようにルールを作《つく》ることもできる。

もちろん、ルールはみんなで作《つく》るものだ。

だから大人《おとな》は選挙《せんきょ》という方法《ほうほう》でルールメイキングに関《かか》わっている。自分《じぶん》たちが納得《なっとく》するルールを作《つく》る、もしくは推薦《すいせん》する人《ひと》に投票《とうひょう》するわけだ。

もちろんきみもルール作《づく》りに参加《さんか》できるよ。

学校《がっこう》でも生徒《せいと》と先生《せんせい》の間《あいだ》でルールを作《つく》る機会《きかい》もあるし、学級《がっきゅう》のルールを作《つく》る機《き》会《かい》もあるだろう。友達《ともだち》と遊《あそ》ぶ際《さい》にもルールを作《つく》ることがあるよね。

そこに積極的《せっきょくてき》に参加《さんか》することで、ルールメイキングができるようになる。

今回《こんかい》のクエストのように、お母《かあ》さんと翔太《しょうた》くんの考《かんが》えや、やりたいことが違《ちが》ってしまったことは問題《もんだい》だね。

お母《かあ》さんも翔太《しょうた》くんも、間違《まちが》いでも正解《せいかい》でもない。ただ考《かんが》え方《かた》が異《こと》なって、お互《たが》い気持《きも》ちよく過《す》ごせなくなっただけなんだ。

こんなときこそルールを作《つく》ろう。

お母《かあ》さんと翔太《しょうた》くんがお互《たが》いの言《い》いたいことを伝《つた》えあってから、どうすればお互《たが》いが気持《きも》ちよく納得《なっとく》するのかいくつかアイデアを出《だ》してみよう。


例《たと》えば、部屋《へや》にボードを作《つく》って翔太《しょうた》くんの思《おも》うスケジュールを書《か》いておく。お母《かあ》さんがそれを見《み》てOK《オーケー》であればマークを付《つ》ける。

そしたらお母《かあ》さんも後《あと》で翔太《しょうた》くんが勉強《べんきょう》してくれると分《わ》かるから、今回《こんかい》のようなことは起《お》きなかったよね。


ルールは参加《さんか》する人《ひと》たちの同意《どうい》を取《と》り付《つ》けなくてはならない。参加《さんか》する人《ひと》の意見《いけん》を聞《き》いてあげることも重要《じゅうよう》だ。

そして、**ルールは決《き》めたら守《まも》らなければならない**。

ルールを作《つく》ったときに、ルールを破《やぶ》ったときの罰則《ばっそく》もきちんと決《き》めておこう。

これがルール作《づく》りの鉄則《てっそく》だよ。

ルールを作《つく》るということは難《むずか》しいように見《み》えるけど、自分《じぶん》が気持《きも》ちよく生活《せいかつ》したり、暮《く》らすためにはとっても大事《だいじ》なことなので、ぜひ挑戦《ちょうせん》してほしい。

クエスト 7

「誰《だれ》が食《た》べたの？　私《わたし》のクッキー」

Q あなたが翔太《しょうた》だったらどう判断《はんだん》しますか？

1. 先生《せんせい》に凪《なぎ》くんが犯人《はんにん》だと言《い》いつける
2. 直接《ちょくせつ》凪《なぎ》くんに抗議《こうぎ》をする
3. 念《ねん》のために周《まわ》りの人《ひと》に聞《き》いてみる
4. 凪《なぎ》くんが犯人《はんにん》ではないと決《き》める

ヒカルは「ふう」と息《いき》を吐《は》いて、ペットボトルの水《みず》を翔太《しょうた》に渡《わた》した。

「危《あぶ》ないところだったね」

翔太《しょうた》は水《みず》をごくりと飲《の》むと答《こた》えた。

「きみが止《と》めてくれなかったら凪《なぎ》くんを犯人《はんにん》に仕立《した》てていたよ」

ヒカルは明《あか》るい声《こえ》で笑《わら》いながら答《こた》えた。

「ははは、なんせ全力《ぜんりょく》で職員室《しょくいんしつ》に飛《と》び込《こ》もうとしていたからね。はがいじめで連《つ》れ出《だ》すのは大変《たいへん》だったよ」

翔太《しょうた》は照《て》れ笑《わら》いしながら言《い》った。

「まさかお土産《みやげ》をくれた蒼《あお》くんが食《た》べたとはね」

ヒカルも大笑《おおわら》いしながら答《こた》えた。

「きっと、お土産《みやげ》をあげたけどいらないと思《おも》ったんだろうね。でも、きちんと本当《ほんとう》かどうか調《しら》べないとね」

事実《じじつ》を調《しら》べる

私《わたし》たちの周《まわ》りは情報《じょうほう》であふれている。インターネットから入《はい》ってくる情報《じょうほう》もそうだし、友達《ともだち》から聞《き》く話《はなし》も情報《じょうほう》だ。しかし、情報《じょうほう》すべてが正《ただ》しいわけではない。むしろ誤《あやま》った情報《じょうほう》の方《ほう》が多《おお》いかもしれない。

だから、「本当《ほんとう》なのかどうか」を調《しら》べる行動《こうどう》が必要《ひつよう》だ。この行動《こうどう》をとることで正《ただ》しい判断《はんだん》ができるというわけだ。

誤《あやま》った情報《じょうほう》を本当《ほんとう》の情報《じょうほう》だと信《しん》じて大人《おとな》たちまで大混乱《だいこんらん》になったケースもある。いわゆるデマ騒動《そうどう》だね。

2016年《ねん》の熊本地震《くまもとじしん》では、動物園《どうぶつえん》からライオンが逃《に》げ出《だ》しただとか、新型《しんがた》コロナウイルスが流行《りゅうこう》したときは、東京《とうきょう》がロックダウンされて身動《みうご》きがとれなくなるという情報《じょうほう》を聞《き》いて先生《せんせい》もびっくりしたよ。

デマの怖《こわ》いところは、それを信《しん》じた人《ひと》が「みんなに教《おし》えなくては」という優《やさ》しい心《こころ》から、デマを知人《ちじん》や友人《ゆうじん》に伝《つた》えていくことだ。よいことだと思《おも》ってやっていることも、結果的《けっかてき》に周《まわ》りの迷惑《めいわく》になってしまうことがあるんだ。

そして、事実《じじつ》ではないことを伝《つた》えてしまった人《ひと》は信頼《しんらい》が落《お》ちてしまう。だから、事実《じじつ》を確認《かくにん》するというプロセスはとても大事《だいじ》なんだ。

では、どのように本当《ほんとう》かどうかを確認《かくにん》すればいいのだろう。

情報源《じょうほうげん》を確認《かくにん》する

情報源《じょうほうげん》とは、どこから情報《じょうほう》が出《で》たのかということだ。その情報《じょうほう》が信頼《しんらい》できる場所《ばしょ》から出《で》たものなのかどうかで、事実《じじつ》かを確認《かくにん》することが可能《かのう》になる。

いつの情報《じょうほう》かを確認《かくにん》する

魚《さかな》は新鮮《しんせん》な方《ほう》がおいしいよね。それと同《おな》じで情報《じょうほう》も新《あたら》しいほど事実《じじつ》に近《ちか》い。

複数《ふくすう》の情報《じょうほう》を比較《ひかく》する

同《おな》じ事柄《ことがら》でも、発信《はっしん》する場所《ばしょ》によって異《こと》なって伝《つた》わってくることがある。例《たと》えば動画《どうが》でも、同《おな》じテーマについて異《こと》なる伝《つた》え方《かた》をしていることがあるよね。これらの複数《ふくすう》の情報《じょうほう》を比較《ひかく》して、どの情報《じょうほう》も同《おな》じことを伝《つた》えていれば事実《じじつ》である確率《かくりつ》は高《たか》まる。

思《おも》い込《こ》みをしない

きみは特殊詐欺《とくしゅさぎ》といった言葉《ことば》を知《し》っているかな。主《おも》に高齢者《こうれいしゃ》が嘘《うそ》の情報《じょうほう》でだまされてお金《かね》を取《と》られてしまう詐欺《さぎ》なんだ。

これの原因《げんいん》の多《おお》くは「思《おも》い込《こ》み」だ。

例《たと》えば、警察官《けいさつかん》のような服装《ふくそう》をしていると、警察《けいさつ》だから安心《あんしん》だと思《おも》ってしまったりすることも思《おも》い込《こ》みだ。

この思《おも》い込《こ》みは、決《き》める力《ちから》を誤《あやま》った方《ほう》に導《みちび》いてしまう。

特《とく》に今《いま》の時代《じだい》は変化《へんか》の流《なが》れが速《はや》い。

だから「以前《いぜん》はこうだった」という経験《けいけん》も通用《つうよう》しなくなっている。

だからこそ、「こうだろう」と思《おも》っても事実《じじつ》を確認《かくにん》することが大事《だいじ》なんだ。

自分自身《じぶんじしん》で確認《かくにん》する

そしてこれが最後《さいご》のポイント。大事《だいじ》な判断《はんだん》のときは自分自身《じぶんじしん》で確認《かくにん》をするようにしよう。

実《じつ》は、情報《じょうほう》には顕在情報《けんざいじょうほう》と潜在情報《せんざいじょうほう》が存在《そんざい》する。

顕在情報《けんざいじょうほう》とは、ネットやうわさなどですでに出回《でまわ》っている情報《じょうほう》を指《さ》す。

この情報《じょうほう》は手《て》に入《はい》りやすい一方《いっぽう》で、信《しん》ぴょう性《せい》（信頼《しんらい》できる度合《どあ》い）に欠《か》けることもある。

だから大事《だいじ》な判断《はんだん》は、自分自身《じぶんじしん》の目《め》や耳《みみ》で事実《じじつ》を直接確認《ちょくせつかくにん》することだ。

そうすることで、出回《でまわ》っていない情報《じょうほう》を手《て》に入《い》れることができることもある。

先生《せんせい》も、レストランで食事《しょくじ》をする際《さい》やホテルを探《さが》すときに、ネットの情報《じょうほう》を参考《さんこう》にする。

でも、ネットでよい評価《ひょうか》が書《か》かれていても、残念《ざんねん》なお店《みせ》もあったし、逆《ぎゃく》の場合《ばあい》もあったよ。

だから、大事《だいじ》な人《ひと》と食事《しょくじ》をする際《さい》には、下見《したみ》を怠《おこた》らないようにしている。

情報《じょうほう》が正確《せいかく》かどうかを確認《かくにん》するには、これが一番《いちばん》手《て》っ取《と》り早《ばや》くて確実《かくじつ》かもしれないね。

今回《こんかい》のケースでは、友達《ともだち》の情報《じょうほう》と自分《じぶん》の勝手《かって》な思《おも》い込《こ》みが、何《なに》も悪《わる》くない凪《なぎ》くんを犯人《はんにん》にしてしまいそうになったよね。

分《わ》からないことがあればきちんと調《しら》べるという行動《こうどう》は、とても大事《だいじ》なんだ。

クエスト 8

「友達《ともだち》に誘《さそ》われたけど本当《ほんとう》は行《い》きたくない」

どうしよう 結衣《ゆい》ちゃんが 誕生日《たんじょうび》パーティーに 来《こ》ないか？って
えーいいじゃん 行《い》きなよ
だめなんだよ～ その日《ひ》は 塾《じゅく》だからさあ
それに緊張《きんちょう》するから パーティーとかには 行《い》きたくないんだよ
うーん だったら無理《むり》だって 言《い》うしかないね
断《ことわ》りにくいなあ だって誕生日《たんじょうび》は 年《ねん》に一度《いちど》だし…
がしがし
少《すこ》し遅《おく》れるけど 塾《じゅく》の帰《かえ》りに行《い》こうかな

Q あなたが翔太《しょうた》だったらどう判断《はんだん》しますか？

1. 嫌《いや》だけどパーティーに行《い》く
2. 行《い》けないと断《ことわ》る
3. 行《い》けたら行《い》くと答《こた》える

ヒカルは言《い》った。

「難《むずか》しいけど断《ことわ》るのも大事《だいじ》な決断《けつだん》だ」

●断《ことわ》るのも大事《だいじ》な判断《はんだん》

みんなも、お友達《ともだち》から何《なに》か頼《たの》まれて、断《ことわ》りづらいと感《かん》じたことがきっとあるだろう。

友達《ともだち》がかわいそうだと感《かん》じたので断《ことわ》れなかったとか、ひょっとしたら嫌《きら》われるかもしれないと思《おも》って断《ことわ》りきれなかったこともあるかもしれないね。

大人《おとな》も「断《ことわ》る」のは苦手《にがて》だと感《かん》じる人《ひと》が多《おお》いんだ。

それほど、断《ことわ》るという判断《はんだん》はとても難《むずか》しい「決《き》める技《わざ》」なんだ。

ここでは断《ことわ》ることのメリットとデメリットについてまず考《かんが》えてみよう。

メリットはまず、断《ことわ》ることで**「自分《じぶん》の時間《じかん》や利益《りえき》を守《まも》れる」**ということだ。

なぜなら、何《なに》か頼《たの》まれると、そこに時間《じかん》を奪《うば》われてしまうからだ。

時間《じかん》を守《まも》ることで、本当《ほんとう》にやらなければならないことや、やりたいことに時間《じかん》を使《つか》うことができるよね。

断《ことわ》ることができれば、お金《かね》や労力《ろうりょく》も本当《ほんとう》に使《つか》いたいところに費《つい》やすことができる。


また、**断《ことわ》ることであなた自身《じしん》が嫌《いや》な思《おも》いをしなくて済《す》む**。

断《ことわ》りきれずに自分《じぶん》が犠牲《ぎせい》になると、やりきれないじゃないか。それに、嫌《いや》な思《おも》いをするとストレスがたまる。

断《ことわ》るとこのような思《おも》いをしなくて済《す》むし、心身《しんしん》ともに楽《らく》で済《す》むよ。

そして最後《さいご》に**「相手《あいて》と信頼関係《しんらいかんけい》が続《つづ》く」**ということだ。

これは意外《いがい》かもしれない。断《ことわ》らない方《ほう》が信頼関係《しんらいかんけい》は続《つづ》くとみんな錯覚《さっかく》しているからだ。

先生《せんせい》も経験《けいけん》があるけれど、できないことを無理《むり》に引《ひ》き受《う》けてしまったことがあった。

結果的《けっかてき》にできずに謝《あやま》ったけれど、約束《やくそく》を破《やぶ》ってしまったことに変《か》わりはない。後悔《こうかい》したね。

できないことはきっぱりと断《ことわ》る方《ほう》が、友達《ともだち》や周《まわ》りの人《ひと》との信頼関係《しんらいかんけい》が長《なが》く続《つづ》くことになるんだよ。

次《つぎ》は、断《ことわ》ることのデメリットについて考《かんが》えよう。

まず相手《あいて》が嫌《いや》な気持《きも》ちになるかもしれない。ひょっとしたら嫌《きら》われる可能性《かのうせい》があるということだね。

でも、大丈夫《だいじょうぶ》。上手《じょうず》な断《ことわ》り方《かた》をすれば、これを防《ふせ》ぐことができるんだ。

それは**理由《りゆう》を付《つ》ける**ことだ。

この理由《りゆう》というのは、「忙《いそが》しいから」「嫌《いや》だから」という表現《ひょうげん》よりも、もっと具《ぐ》体的《たいてき》な方《ほう》がいい。クエスト⑤で伝《つた》えた論理的《ろんりてき》に伝《つた》えることだ。

例《たと》えば友達《ともだち》から遊《あそ》びに誘《さそ》われて断《ことわ》るときは、

「ごめんね。今日《きょう》は16時《じ》からお母《かあ》さんと出《で》かける約束《やくそく》をしているんだ。だから今日《きょう》は行《い》けないの」

というように、理由《りゆう》を伝《つた》えると誤解《ごかい》される可能性《かのうせい》は少《すく》なくなるし、相手《あいて》も分《わ》かってくれるかもしれない。

だから**根拠《こんきょ》を付《つ》けて自分《じぶん》の意思《いし》を伝《つた》えることは、断《ことわ》る判断《はんだん》をする際《さい》には必須《ひっす》**だ。

次《つぎ》のデメリットは、相手《あいて》ががっかりすることだ。

きみにも経験《けいけん》があるかもしれないね。

何《なに》かをお願《ねが》いして断《ことわ》られると、自分《じぶん》が情《なさ》けなくなったり、恥《は》ずかしくなることがあったと思《おも》う。

相手《あいて》をがっかりさせるとかわいそうだよね。

しかし、これも防《ふせ》ぐ方法《ほうほう》があるんだ。

それは、**最初《さいしょ》に「感謝《かんしゃ》の言葉《ことば》」を伝《つた》えること。**

自分《じぶん》に頼《たの》んでくれたことに対《たい》して「誘《さそ》ってくれてありがとう」だとか「頼《たよ》ってくれてありがとう」と、まず相手《あいて》に伝《つた》えよう。

この後《あと》に理由《りゆう》を付《つ》けて断《ことわ》ると、相手《あいて》は断《ことわ》られても気持《きも》ちよくいられる。


きみが遊《あそ》びに誘《さそ》われたとしよう。

「おもしろそう。誘《さそ》ってくれてうれしい。でもね、今日《きょう》は……があって行《い》けないの」

　このように断《ことわ》ると、相手《あいて》も笑《わら》いながら、

「そっか、仕方《しかた》がないね。また遊《あそ》ぼうね」

とさわやかに終《お》わるかもしれないね。


最後《さいご》のデメリットは、きみ自身《じしん》に「頼《たよ》ってくれたのに期待《きたい》に応《こた》えることができなかった」という気持《きも》ちが出《で》るかもしれないということだ。

これを罪悪感《ざいあくかん》というよ。

きみの中《なか》に出《で》てくる「申《もう》し訳《わけ》ないな」という気持《きも》ちだ。

もしそう思《おも》うのであれば「代《か》わりのアイデア」を出《だ》してみよう。

例《たと》えば、「今日《きょう》はお母《かあ》さんと約束《やくそく》があるから遊《あそ》べないけれど、明日《あす》なら大丈夫《だいじょうぶ》だよ」のように伝《つた》えるんだ。

そうすれば、断《ことわ》るという罪悪感《ざいあくかん》も少《すく》なくなるだろう。


断《ことわ》るという決《き》める方法《ほうほう》には勇気《ゆうき》が必要《ひつよう》だし、断《ことわ》り方《かた》も少《すこ》し難《むずか》しいかもしれない。

でもこれは、練習《れんしゅう》すれば上手《じょうず》になるので心配《しんぱい》はいらない。

「NO《ノー》」と言《い》えるのは、きみ自身《じしん》が上手《じょうず》に生《い》きていくには必要《ひつよう》なスキルだ。

ぜひ挑戦《ちょうせん》して、上手《じょうず》な断《ことわ》り方《かた》を身《み》につけてほしい。

クエスト 9

「みんなは反対《はんたい》しているけれど……」

Q あなたが翔太《しょうた》だったらどう判断《はんだん》しますか？

1. 「冗談《じょうだん》だよ」と笑《わら》いながらごまかす
2. 意見《いけん》を下《さ》げず、理由《りゆう》を伝《つた》える
3. 初《はじ》めから言《い》わなければよかったと後悔《こうかい》する

学校《がっこう》の帰《かえ》り、翔太《しょうた》は誰《だれ》とも一緒《いっしょ》に帰《かえ》りたくなく、終業《しゅうぎょう》のチャイムと同《どう》時《じ》に教室《きょうしつ》から飛《と》び出《だ》した。

周《まわ》りから否定《ひてい》されて独《ひと》りぼっちだと思《おも》ったのと、またあのかき氷《ごおり》の話《はなし》をされて笑《わら》いものにされると思《おも》ったからだ。

頬《ほお》が痛《いた》くなるような冷《つめ》たい北風《きたかぜ》が真向《まむ》かいから吹《ふ》きつける。翔太《しょうた》は巻《ま》いているマフラーを鼻《はな》の部分《ぶぶん》まで上《あ》げた。


いつもより前《まえ》に進《すす》みにくい家《いえ》までの道《みち》のりだが、公園《こうえん》の前《まえ》まで来《く》ると目《め》を疑《うたが》うような光景《こうけい》が飛《と》び込《こ》んできた。

ヒカルだ。しかもかき氷《ごおり》を食《た》べている。

「どうしたの。こんなに寒《さむ》いのに」

ヒカルはこう言《い》った。

「ああ、とても寒《さむ》いけど、だからかき氷《ごおり》がおいしいんだ」

「さらに寒《さむ》くなるだけだよ」

こう言《い》って、翔太《しょうた》は今日《きょう》学校《がっこう》であびせられた言葉《ことば》を思《おも》い出《だ》した。

ヒカルは、大《おお》きなイチゴのかき氷《ごおり》をスプーンで口《くち》の中《なか》に入《い》れてシャリシャリさせながら言《い》った。

「寒《さむ》いからかき氷《ごおり》を食《た》べてはいけないってルールはあるのかな」

「え？」

ヒカルはかき氷《ごおり》をスプーン大盛《おおも》りにして口《くち》に入《い》れ、再《ふたた》びシャリシャリと音《おと》を立《た》てながら言《い》った。

「それって思《おも》い込《こ》みだよね。冒険《ぼうけん》していたらいろんな人《ひと》がいて、いろんな考《かんが》え方《かた》があるんだよ」

みんなが正《ただ》しいとは限《かぎ》らない

周《まわ》りと違《ちが》う考《かんが》えをきみが持《も》っていたとしたら、きみはどうするかな。

友達《ともだち》や先生《せんせい》、そして両親《りょうしん》が正《ただ》しいと思《おも》うかい。

先生《せんせい》はそう思《おも》わないね。

決《き》めるということには、**周《まわ》りと違《ちが》った考《かんが》えや発想《はっそう》も、とても大事《だいじ》**なんだ。

だから、周《まわ》りと異《こと》なる意見《いけん》を持《も》っていても、それを押《お》し殺《ころ》さないでほしい。


周《まわ》りと異《こと》なる考《かんが》えがどうして大事《だいじ》なのかというと、3つ理由《りゆう》があるよ。


まずひとつ目《め》が、**新《あたら》しいアイデアが生《う》まれる**からだ。

今私《いまわたし》たちが便利《べんり》だと言《い》いながら使《つか》っている道具《どうぐ》の多《おお》くが、新《あたら》しいアイデアから生《う》まれている。

この新《あたら》しいアイデアは、誰《だれ》もが考《かんが》え付《つ》かなかったものであり、もしその発明者《はつめいしゃ》が、周《まわ》りが反対《はんたい》しているからといってアイデアを誰《だれ》にも伝《つた》えなかったら、きっと世《よ》の中《なか》の便利《べんり》な道具《どうぐ》のほとんどは生《う》まれなかっただろう。

本田宗一郎《ほんだそういちろう》という人物《じんぶつ》を知《し》っているかい。

かれは自動車《じどうしゃ》やオートバイを作《つく》っている会社《かいしゃ》「本田技研工業《ほんだぎけんこうぎょう》（HONDA《ホンダ》）」の

創業者《そうぎょうしゃ》だ。

かれは当時《とうじ》主流《しゅりゅう》だった４ストロークエンジンではなく、２ストロークエンジンに注力《ちゅうりょく》し、そして成功《せいこう》を収《おさ》めた。

かれが周《まわ》りの意見《いけん》を聞《き》いて「無理《むり》だ」と思《おも》っていれば、今《いま》のＨＯＮＤＡ《ホンダ》はないかもしれない。

ふたつ目《め》は「みんなが正《ただ》しいとは限《かぎ》らない」からだ。

私《わたし》たちが何《なに》かを決《き》める際《さい》には、バイアスというさまざまな「決《き》めるクセ」がはたらく。

こうしたバイアスの中《なか》でも、自分《じぶん》の決《き》めたことと異《こと》なることであっても、大多数《だいたすう》の人《ひと》が決《き》めたことなら間違《まちが》いない、と決《き》めるバイアスを「社会的証明《しゃかいてきしょうめい》の原理《げんり》」と呼《よ》ぶよ。

このバイアスはとても怖《こわ》いもので、間違《まちが》った判断《はんだん》であっても、大勢《おおぜい》がそれを正《ただ》しいと言《い》い始《はじ》めるとそれに従《したが》いたくなる。

最近《さいきん》では、２０２０年《ねん》の新型《しんがた》コロナウイルスの感染拡大《かんせんかくだい》の際《さい》にあったトイレットペーパーの買《か》い占《し》めなども、「みんながそうしているから」という理由《りゆう》で起《お》きたパニックなんだ。

みんながそう言《い》っているから正《ただ》しいということではない。

そしてその理由《りゆう》は「決《き》める」論理的《ろんりてき》な証拠《しょうこ》にはなり得《え》ないということを知《し》っておこう。

３つ目《め》は、「自分《じぶん》の決《き》めたことに自信《じしん》がつく」ということだ。

他人《たにん》がそうしているから自分《じぶん》もそうするという行動《こうどう》は、自分《じぶん》の決《き》める力《ちから》を信《しん》じないことだと思《おも》う。

大人《おとな》になると、自分《じぶん》で決《き》めなければならないことがぐんと増《ふ》えるけど、みんなを見《み》ながら決《き》めていると、自分自身《じぶんじしん》で決《き》めることができなくなる。

そして流行《りゅうこう》や口《くち》コミを信《しん》じて流《なが》されてしまうことになるよ。

自分自身《じぶんじしん》で決《き》めることができれば、きみの決《き》める力《ちから》は大《おお》きな武器《ぶき》になる。

だから周《まわ》りと異《こと》なる意見《いけん》でも、勇気《ゆうき》を出《だ》してそれを信《しん》じてみることも大事《だいじ》だ。

冬《ふゆ》は暖《あたた》かいものしか売《う》れない、夏《なつ》は冷《つめ》たいものしか売《う》れない。

確《たし》かにその傾向《けいこう》があるかもしれない。しかし、奇想天外《きそうてんがい》な発想《はっそう》が大当《おおあ》たりする可能性《かのうせい》は、大《おお》いにあると先生《せんせい》は思《おも》うよ。

クエスト 10

「お寿司《すし》。焼肉《やきにく》。あなたはどっちがいいの?」

ママとパパが話《はな》し合《あ》ってる
今日《きょう》は僕《ぼく》の発表会《はっぴょうかい》のご褒美《ほうび》で、
レストランで夕《ゆう》ご飯《はん》を食《た》べることになっている
でもパパは焼肉《やきにく》
ママはお寿司《すし》がいいと言《い》って、
だんだんふたりの顔《かお》が険《けわ》しくなってきた…
むむむ…

Q あなたが翔太《しょうた》だったらどう判断《はんだん》しますか？

1. ハンバーグ
2. 焼肉《やきにく》
3. お寿司《すし》

翔太《しょうた》はトイレに駆《か》け込《こ》んで笛《ふえ》を吹《ふ》いた。

するとトイレの窓《まど》の向《む》こうから歌声《うたごえ》がしてきた。

「お願《ねが》いだから静《しず》かに来《き》て」

翔太《しょうた》は心《こころ》の中《なか》で願《ねが》っていたが、なんとかママに気《き》づかれないようにヒカルはやってきた。

小声《こごえ》でヒカルに悩《なや》みを打《う》ち明《あ》けると、かれは言《い》った。

「なんだ、トイレの中《なか》で晩《ばん》ごはんの相談《そうだん》か……。そもそも全部《ぜんぶ》食《た》べればいいんじゃないか？」

別《べつ》のアイデアを提案《ていあん》してみよう

今回《こんかい》は困《こま》ったね。

どの選択肢《せんたくし》を選《えら》んでも、誰《だれ》かが喜《よろこ》ぶけど、誰《だれ》かが納得《なっとく》いかない。

こんなときは、頑張《がんば》って出《だ》されている選択肢《せんたくし》から選《えら》ぶよりも、もっとよい方法《ほうほう》がないのか考《かんが》えるといいよ。

これを「枠組《わくぐ》み」から抜《ぬ》け出《だ》すと呼《よ》ぶ。

私《わたし》たちはいつも、ルールや常識《じょうしき》などを守《まも》って生活《せいかつ》しているから、大人《おとな》になればなるほどこの枠組《わくぐ》みが頭《あたま》の中《なか》に大《おお》きな壁《かべ》のようにできあがってしまうんだ。

もちろん枠組《わくぐ》みが悪《わる》いとは言《い》わない。この枠組《わくぐ》みはみんなが気持《きも》ちよく生活《せいかつ》するためのものとも言《い》える。

しかし一方《いっぽう》で、問題《もんだい》が起《お》きたときに解決策《かいけつさく》がなかなか出《で》てこないのも、この枠《わく》組《ぐ》みが原因《げんいん》なんだ。

この枠組《わくぐ》みに気《き》づくことができれば、枠組《わくぐ》みから抜《ぬ》け出《だ》して、解決策《かいけつさく》を見《み》つけることができる。

このように、枠組《わくぐ》みを外《はず》して考《かんが》えたり、決《き》めることができる人《ひと》は、周《まわ》りの変化《へんか》にも対応《たいおう》しながら生《い》きていける。

では枠組《わくぐ》みを外《はず》すということはどういうことか？

例《たと》えば、算数《さんすう》の計算《けいさん》などをイメージするといいだろう。決《き》まった計算方法《けいさんほうほう》があると思《おも》うけれど、それ以外《いがい》の解《と》き方《かた》はないだろうか？

こう考《かんが》えると、別《べつ》の計算方法《けいさんほうほう》が見《み》つかったり、もっと楽《らく》な計算方法《けいさんほうほう》が見《み》つかるかもしれないね。


このように、決《き》まった方法《ほうほう》を取《と》り外《はず》すと、さまざまな選択肢《せんたくし》が生《う》まれてくるよ。

今回《こんかい》の家族《かぞく》の食事《しょくじ》も、「レストラン」で外食《がいしょく》という方法《ほうほう》が枠組《わくぐ》みかもしれないね。

これを外《はず》すとどんなアイデアが出《で》るかな。


また、**質問《しつもん》をしてみる**というのもアイデアの達人《たつじん》の必殺技《ひっさつわざ》だよ。

人《ひと》はそれぞれいろいろな考《かんが》え方《かた》があるから、どんどん質問《しつもん》をすることで違《ちが》った考《かんが》え方《かた》を勉強《べんきょう》できるし、解決策《かいけつさく》を見《み》つけるヒントも生《う》まれてくるよ。

パパは焼肉《やきにく》がいいって言《い》っているけど、なぜ焼《や》き肉《にく》が食《た》べたいのだろうか。ママはお寿司《すし》が食《た》べたいと言《い》っているけど、どんなお寿司《すし》が食《た》べたいのだろうか。

質問《しつもん》すると、「焼肉《やきにく》じゃなくてもお肉《にく》が食《た》べたい」というパパの意見《いけん》が出《で》るかもしれないし、ママはお寿司《すし》じゃなくてもいいけど、「においがつくから焼肉《やきにく》は嫌《いや》だ」という意見《いけん》も出《で》るかもね。

そうすると、お互《たが》いの妥協点《だきょうてん》が生《う》まれてくるかもしれない。

アイデアを出《だ》すのが苦手《にがて》という人《ひと》もいるかもしれない。

でもアイデアは、突然《とつぜん》浮《う》かぶこともあるけれど、多《おお》くの場合《ばあい》は何《なに》かを変化《へんか》させることで生《う》まれるのを知《し》っているかい。

有名《ゆうめい》な方法《ほうほう》が「スキャンパー」だ。

スキャンパーは、SCAMPER《スキャンパー》の頭文字《かしらもじ》を取《と》ったアイデア発想法《はっそうほう》だよ。

Substitute《サブスティテュート》（代用《だいよう》する）：他《ほか》のもの、他《ほか》の人《ひと》、他《ほか》の材料《ざいりょう》、他《ほか》の製法《せいほう》、他《ほか》の動力《どうりょく》、他《ほか》の音《おと》、他《ほか》の色《いろ》、他《ほか》の味《あじ》などを考《かんが》えてみる。

Combine《コンバイン》（組《く》み合《あ》わせる）：すでにあるアイデアをふたつ以上《いじょう》組《く》み合《あ》わせてみる。

Adapt《アダプト》（適応《てきおう》させる）：すでにあるアイデアを新《あたら》しい用途《ようと》や状況《じょうきょう》に適応《てきおう》させてみる。

Modify《モディファイ》（修正《しゅうせい》する）：すでにあるアイデアの一部《いちぶ》を変更《へんこう》してみる。

Put to other uses《プット トゥー アザー ユーズィーズ》（他《ほか》の使《つか》い道《みち》を考《かんが》える）：すでにあるアイデアを別《べつ》の用途《ようと》に使《つか》ってみる。

Eliminate《エリミネイト》（削除《さくじょ》する）：すでにあるアイデアの一部《いちぶ》を削除《さくじょ》してみる。

Reverse《リバース》／Rearrange《リアレンジ》（逆転《ぎゃくてん》させる／再編成《さいへんせい》する）：すでにあるアイデアの順番《じゅんばん》を入《い》れ替《か》えてみる。

これらを見《み》て分《わ》かるように、何《なに》もないところからアイデアを出《だ》すのではなく、今《いま》目《め》の前《まえ》にある材料《ざいりょう》を組《く》み合《あ》わせたり、形《かたち》を変《か》えることでアイデアがないかを探《さぐ》るわけだ。

これらを組《く》み合《あ》わせると、３人《にん》の食《た》べたいものが見《み》つかるかもしれない。

子《こ》どもの頃《ころ》に枠組《わくぐ》みを外《はず》して考《かんが》えることをたくさんしておくと、大人《おとな》になってても創造力《そうぞうりょく》が失《うしな》われず、楽《たの》しく物事《ものごと》を決《き》めたり、みんなを幸《しあわ》せにすることができるかもしれないね。

クエスト 11

「算《さん》数《すう》の宿《しゅく》題《だい》がどうしても解《と》けない」

Q あなたが翔太《しょうた》だったら どう判断《はんだん》しますか？

1. 算数《さんすう》が得意《とくい》な人《ひと》に相談《そうだん》してみる
2. きっと問題《もんだい》が間違《まちが》っているんだと思《おも》う
3. できなかったと先生《せんせい》に謝《あやま》る

結衣《ゆい》と少し《すこ》気《き》まずく別《わか》れた翔太《しょうた》は、自分《じぶん》を奮《ふる》い立《た》たせるように言《い》った。

「できないものはできない。それにこんなものできたとしても生《い》きていくうえで必要《ひつよう》ないじゃん」

でも、どこかで翔太《しょうた》は、自分《じぶん》の言《い》ったことが言《い》い訳《わけ》のように思《おも》えて情《なさ》けなくなってきた。


そういえば、昨晩《さくばん》のゲームでも、どうしてもクリアできないステージがあり、怒《おこ》ってついには電源《でんげん》を切《き》ってしまった。

いくら頑張《がんば》ってもクリアできないことが絶対《ぜったい》あるのか……。


あいつに話《はなし》をしてみるか。そう思《おも》って公園《こうえん》に行《い》き、翔太《しょうた》は笛《ふえ》を吹《ふ》いた。

ヒカルは相変《あいか》わらず変《へん》な歌《うた》を歌《うた》いながら歩《ある》いてきた。

「ヒカルはさあ、何《なに》かを苦手《にがて》って思《おも》ったことはないの」

「うーん。正直《しょうじき》、歌《うた》は苦手《にがて》かなあ」

翔太《しょうた》はくすっと笑《わら》った。それを悟《さと》られないように言葉《ことば》をすぐに返《かえ》した。

「でも、いつも歌《うた》を歌《うた》っているよね。得意《とくい》だからじゃないの？」

「あれは練習《れんしゅう》しているんだよ。歌《うた》の先生《せんせい》に聞《き》いたら、ずっと歌《うた》っているとどんどん上手《じょうず》になるって言《い》われたから」

「そうか。でも頑張《がんば》っても絶対無理《ぜったいむり》なこともあるんじゃないかな」

翔太《しょうた》はヒカルの顔《かお》から視線《しせん》を落《お》として言《い》った。するとヒカルがこう言《い》った。

「絶対無理《ぜったいむり》って決《き》めるのは自分《じぶん》だけど、いろんな方法《ほうほう》を試《ため》してから絶対《ぜったい》無理《むり》って決《き》めた方《ほう》が僕《ぼく》はいいと思《おも》うな」

あきらめる前《まえ》に相談《そうだん》をする

勉強《べんきょう》や部活《ぶかつ》、友達関係《ともだちかんけい》など、難《むずか》しいことはたくさんあると思《おも》う。ときには「こんなのできない」と叫《さけ》びたくなることもあるかもしれないね。

大人《おとな》になっても、仕事《しごと》や生活《せいかつ》で何度《なんど》も失敗《しっぱい》して、自信《じしん》をなくしてしまうこともある。

「自分《じぶん》はできないんだ」と落《お》ち込《こ》んでしまうこともある。

でも「できない」というのは「やらない」ことではない。

できないとは、できる途中《とちゅう》であり、練習《れんしゅう》したり、やり方《かた》を変《か》えれば必《かなら》ずできる。

だから、何度《なんど》か失敗《しっぱい》しても必《かなら》ずできる。

一方《いっぽう》「やらない」は、残念《ざんねん》だけど本当《ほんとう》に成《な》し遂《と》げることはできない。

なぜなら、あきらめてやらないということは、いくら時間《じかん》がたってもできるわけがないからだ。

だから、「できない」を「やらない」の言《い》い訳《わけ》にしてはいけない。

ただ、できない状態《じょうたい》から脱出《だっしゅつ》するには、少《すこ》し工夫《くふう》をしなければならない。

ゲームでもそうだけれど、クリアできないからといって同《おな》じ方法《ほうほう》でずっとやっていても結果《けっか》は変《か》わらない。

やり方《かた》を変《か》えることが必要《ひつよう》だ。

そして最《もっと》も効率的《こうりつてき》なやり方《かた》を手《て》に入《い》れるには、成功《せいこう》した人《ひと》に方法《ほうほう》を聞《き》くのが一番《いちばん》早《はや》いよね。


だから今回《こんかい》取《と》るべき行動《こうどう》は「知《し》っている人《ひと》に相談《そうだん》する」だ。

相談《そうだん》するのは恥《は》ずかしいと思《おも》うかもしれないけれど、相談《そうだん》せずに同《おな》じ失敗《しっぱい》を繰《く》り返《かえ》し、言《い》い訳《わけ》をする方《ほう》が先生《せんせい》は恥《は》ずかしいことだと思《おも》う。


「聞《き》くは一時《いっとき》の恥《はじ》、聞《き》かぬは一生《いっしょう》の恥《はじ》」ということわざがある。

相談《そうだん》することは確《たし》かに恥《は》ずかしいことかもしれないけれど、知《し》らないのに知《し》っているふりをしているのは一生《いっしょう》ものの恥《はじ》だということだ。

相談《そうだん》もせずにできないと決《き》めるのもこれに似《に》ているね。


そしてさらにレベルアップするためには、**あらかじめ相談《そうだん》リストを作《つく》っておく**

ことが大切《たいせつ》だ。

困《こま》ったときには、とっさに誰《だれ》に相談《そうだん》していいか分《わ》からないことがある。

相談《そうだん》リストは、そんなときに役立《やくだ》つアイテムだ。


例《たと》えば、算数《さんすう》の計算《けいさん》に困《こま》ったときに相談《そうだん》できる人《ひと》、友達《ともだち》と喧嘩《けんか》をしたときに相《そう》談《だん》できる人《ひと》、コンピューターの使《つか》い方《かた》が分《わ》からなくなったときに相談《そうだん》できる人《ひと》。

このように考《かんが》えると、きみの周《まわ》りには専門家《せんもんか》が勢《せい》ぞろいしていることに気《き》がつくよ。

心強《こころづよ》いよね。


でも、それでもやっぱりできないことがあるのは事実《じじつ》だ。

ひとりの力《ちから》には限界《げんかい》があるからね。


ちなみにきみが読《よ》んでいるこの本《ほん》も、先生《せんせい》にとっては挑戦《ちょうせん》だ。

日本《にほん》で初《はじ》めての「子《こ》ども向《む》けのインバスケットの本《ほん》」だからね。

だからこそ、チームで挑戦《ちょうせん》するんだ。
ひとりの力《ちから》では成《な》し遂《と》げられないことも、仲間《なかま》がいれば達成《たっせい》できる。

パソコンを動《うご》かすCPU《シーピーユー》と呼《よ》ばれる処理機能《しょりきのう》があるのだけれど、これもいくつかのコアと呼《よ》ばれる頭脳《ずのう》で成《な》り立《た》っている。このコアが多《おお》いほど処理速度《しょりそくど》が速《はや》くなる。

僕《ぼく》たちの挑戦《ちょうせん》も、仲間《なかま》がいるときっとうまくいくはずだから、困《こま》ったときにはチームで挑戦《ちょうせん》してもいいだろう。

クエスト 12

「友達《ともだち》が柵《さく》を越《こ》えて遊《あそ》ぼうって言《い》うけれど……」

Q あなたが翔太《しょうた》だったらどう判断《はんだん》しますか？

1. 危険《きけん》なので行《い》かない
2. 他《ほか》の友達《ともだち》を誘《さそ》って大勢《おおぜい》で行《い》く
3. 蒼《あお》くんとふたりだけで行《い》く

翔太《しょうた》は蒼《あお》とふたりだけでこっそと池《いけ》に行《い》った。大勢《おおぜい》で行《い》くと、せっかくの秘密《ひみつ》のポイントがばれてしまうからだ。フェンスを越《こ》えると、水中《すいちゅう》にはたくさんの魚《さかな》が見《み》える。さっそくふたりはわくわくしながら釣《つ》りを始《はじ》めた。

そのとき、蒼《あお》が足《あし》を滑《すべ》らせて池《いけ》に落《お》ちてしまった。蒼《あお》はもがけばもがくほど深《ふか》みにはまっていく。

「わああ、助《たす》けて！　助《たす》けて！」

「ちょっと待《ま》って！」

翔太《しょうた》は釣《つ》りざおを蒼《あお》に向《む》けて差《さ》し出《だ》したが、蒼《あお》が持《も》った瞬間《しゅんかん》、高《たか》い音《おと》を立《た》てて折《お》れてしまい、蒼《あお》はさらに深《ふか》みにはまってしまった。

「誰《だれ》かいませんか。助《たす》けて！」

翔太《しょうた》は大声《おおごえ》を出《だ》したが、誰《だれ》も助《たす》けに来《こ》ない。携帯電話《けいたいでんわ》も家《いえ》に忘《わす》れてきたらしい。

「どうしよう」

そのとき、翔太《しょうた》はポケットに入《い》れていた笛《ふえ》を思《おも》い切《き》り吹《ふ》いた。

すると、フェンスをすらりと乗《の》り越《こ》えてヒカルがやってきて、フェンスに絡《から》みついているツルをとり、それを蒼《あお》に投《な》げた。

蒼《あお》は泥《どろ》まみれになったが、なんとか陸《りく》に上《あ》がることができた。

ヒカルは、泣《な》いている翔太《しょうた》と蒼《あお》に毅然《きぜん》として言《い》った。

「誤《あやま》った判断《はんだん》をしたね」

● 危《き》険《けん》とリスクを分《わ》けよう

世《よ》の中《なか》は危険《きけん》なことばかりだ。

大人《おとな》がきみたちに言《い》う言葉《ことば》も、「危《あぶ》ない」「気《き》をつけて」というものが多《おお》いよね。

でも一方《いっぽう》で、「挑戦《ちょうせん》しろ」という言葉《ことば》を使《つか》うときもあると思《おも》う。

正反対《せいはんたい》のことを言《い》っているように聞《き》こえるかもしれないけれど、じつはこの謎《なぞ》を解《と》くヒントが「危険《きけん》がふたつある」ということにひそんでいる。

ここでは**「リスク」と「デンジャー」の違《ちが》い**について話《はな》そう。

まずリスクからだ。**リスクは、何《なに》かをすることで悪《わる》いことが起《お》きるかもしれないという意味《いみ》**で理解《りかい》してほしい。

例《たと》えば、サッカーをすると足《あし》をくじくかもしれないし、自転車《じてんしゃ》に乗《の》ると転《ころ》ぶかもしれない。

特《とく》に、新《あたら》しいことに挑戦《ちょうせん》すると、このリスクは必《かなら》ずと言《い》っていいほどついてくる。

リスクを冒《おか》さないことが安全《あんぜん》だと思《おも》うかもしれないけど、リスクを気《き》にしすぎると、まず成長《せいちょう》はしない。

算数《さんすう》でいうと、いつまでたっても同《おな》じ計算式《けいさんしき》を繰《く》り返《かえ》し勉強《べんきょう》するようなものだ。

リスクを冒《おか》さないと新《あたら》しい挑戦《ちょうせん》ができず成長《せいちょう》しないし、この変化《へんか》する世《よ》の中《なか》では、何《なに》も得《え》ることはできない。

リスクの語源《ごげん》はいろいろな説《せつ》があるけれど、アラビア語《ご》で「明日《あす》の糧《かて》」というところからきているとも言《い》われているよ。

つまりリスクを冒《おか》さないと明日《あす》の食《た》べ物《もの》が手《て》に入《はい》らないということだね。

ただし、リスクを冒《おか》すときは慎重《しんちょう》に判断《はんだん》することも必要《ひつよう》だ。

どんなリスクがあるのかをよく考《かんが》えて、そのリスクをどうすればできるだけ減《へ》らせるのかを考《かんが》えることが必要《ひつよう》なんだ。これを**リスク軽減《けいげん》**と呼《よ》ぶ。

例《たと》えば、道《みち》を渡《わた》るときは信号《しんごう》を守《まも》るといったルールを守《まも》ればリスクは減《へ》るし、自《じ》転車《てんしゃ》に乗《の》るときはヘルメットをかぶるという予防《よぼう》をすれば、万《まん》が一転《いちころ》んでもけがは軽《かる》くなるかもしれない。

リスクは完全《かんぜん》にゼロにすることはできないけれど、情報《じょうほう》を集《あつ》めたり、予防《よぼう》をすることでゼロに近《ちか》づけることができる。これがリスクを冒《おか》す判断《はんだん》をする際《さい》の鉄則《てっそく》だ。

決《き》める達人《たつじん》は、リスクを正確《せいかく》に把握《はあく》し、それを減《へ》らしつつ挑戦《ちょうせん》する判断《はんだん》をする。

そして、デンジャーについても話《はな》しておかなければならない。

デンジャーとリスクの違《ちが》いは「確実性《かくじつせい》」と「影響度《えいきょうど》」だ。

まず**デンジャーは、リスクと異《こと》なり、悪《わる》いことが「起《お》きるかもしれない」ではなく、「確実《かくじつ》に起《お》きる」という意味合《いみあ》い**だ。

例《たと》えば電線《でんせん》に手《て》を触《ふ》れると感電《かんでん》するし、高速道路《こうそくどうろ》を歩《ある》くと車《くるま》にひかれて命《いのち》を失《うしな》う。

確実《かくじつ》に起《お》きることは、防《ふせ》ぐことはできない。

そして影響度《えいきょうど》とは、その悪《わる》いことが起《お》きることで何《なん》を失《うしな》うかということだ。

リスクは、取《と》り戻《もど》すことができるものを失《うしな》う。

例《たと》えば、恥《は》ずかしい思《おも》いをしたとしても、それは成功《せいこう》すれば名誉《めいよ》を回復《かいふく》できるかもしれない。

しかしデンジャーは、取《と》り戻《もど》すことができないものを失《うしな》う。例《たと》えば、きみの健康《けんこう》や、ときには命《いのち》を失《うしな》うかもしれない。だからデンジャーは絶対《ぜったい》に冒《おか》してはいけない。今回《こんかい》の件《けん》は、一命《いちめい》は取《と》りとめたけれど、デンジャーを冒《おか》してしまった例《れい》だよ。

これから大人《おとな》になると、さまざまなリスクとデンジャーがきみを待《ま》っている。新《あたら》しい挑戦《ちょうせん》をして素晴《すば》らしい人生《じんせい》を送《おく》るためには、リスクとデンジャーを見極《みきわ》めること。そしてリスクを過度《かど》に恐《おそ》れずに挑戦《ちょうせん》することが必要《ひつよう》だ。

クエスト 13

「学級新聞《がっきゅうしんぶん》のテーマ作《づく》り」

Q あなたが翔太《しょうた》だったらどう判断《はんだん》しますか？

1. 多《おお》くの人《ひと》から意見《いけん》を聞《き》いてテーマを決《き》める
2. 自分《じぶん》のテーマを強《つよ》く提案《ていあん》する
3. それぞれのテーマをうまく組《く》み合《あ》わせる

結局《けっきょく》、今日《きょう》の新聞《しんぶん》の編集会議《へんしゅうかいぎ》はまとまらなかった。

自分《じぶん》ひとりのことならともかく、みんなのことを決《き》めるのはこれほど大変《たいへん》なことかと翔太《しょうた》は思《おも》った。決《き》めるのが苦手《にがて》な自分《じぶん》がリーダーになったのが間違《まちが》いだと、宮崎先生《みやざきせんせい》を逆恨《さかうら》みするほどだ。

それにしてもリーダーなら自分《じぶん》の意見《いけん》が簡単《かんたん》に通《とお》ると思《おも》ったが、それどころか、同《おな》じメンバーの凪《なぎ》からは「リーダーがしっかりしないから何《なに》も決《き》まらない」とまで言《い》われてしまった。

「どうせ僕《ぼく》はリーダー失格《しっかく》だよ」

そう呟《つぶや》いて川《かわ》の堤防《ていぼう》から石《いし》ころをけってみた。

ただ、翔太《しょうた》はあまり深《ふか》く悩《なや》む必要《ひつよう》はないと感《かん》じていた。笛《ふえ》さえ吹《ふ》けば心強《こころづよ》い助《すけ》っ人《と》が現《あらわ》れるからだ。

街《まち》を流《なが》れる大《おお》きな川《かわ》の堤防《ていぼう》で笛《ふえ》を吹《ふ》いた。

翔太《しょうた》は目《め》をつぶって耳《みみ》を澄《す》ました。

聞《き》こえてきた。あの変《へん》な歌《うた》だ。

夕日《ゆうひ》を背《せ》に、ヒカルがリュックを背負《せお》って歩《ある》いてきた。

「そうか、翔太《しょうた》もリーダーになったんだね。大《たい》したもんだ」

「そんなことないよ。みんな好《す》き勝手《かって》に言《い》うからテーマが決《き》まらないんだ」

「そうか。そりゃ大変《たいへん》だ」

「ヒカルだったらどうする？」

「ヒントを出《だ》そう……。今《いま》、目《め》の前《まえ》に川《かわ》が流《なが》れているじゃないか。これってどこにつながっているか知《し》っているかい」

「馬鹿《ばか》にするなよ。海《うみ》だろう」

「でも今目《いまめ》の前《まえ》に見《み》えているのは川《かわ》だよね。でも海《うみ》とつながっていると分《わ》かったら、川《かわ》は長《なが》いものだと思《おも》わないかい」

「そりゃそうだろう」

「翔太《しょうた》は今《いま》、目《め》の前《まえ》のことだけ、もっと言《い》うと自分《じぶん》のことだけ考《かんが》えていないかな」

広《ひろ》い視野《しや》からの判断《はんだん》

私《わたし》たちは判断《はんだん》をする際《さい》に、ついつい目《め》の前《まえ》のことだとか、自分《じぶん》のことだけを考《かんが》えて決《き》めてしまうことがある。

先生《せんせい》も、本《ほん》を書《か》いているときに、うっかり以前書《いぜんか》いたことと同《おな》じことを書《か》いてしまって修正《しゅうせい》することがあるよ。

やり直《なお》しをしている際《さい》に反省《はんせい》するのが、「先《さき》に全体《ぜんたい》を確認《かくにん》してから書《か》けばよかった」ということだ。

きみも運動会《うんどうかい》などの演技《えんぎ》を練習《れんしゅう》する際《さい》に、きっと自分《じぶん》のことだけではなく、周《まわ》りと合《あ》わせることを気《き》を付《つ》けていると思《おも》う。
その方《ほう》がよい演技《えんぎ》になるからね。

このように、**見《み》ている範囲《はんい》を広《ひろ》げて判断《はんだん》する力《ちから》を洞察力《どうさつりょく》**といって、生《い》きていくうえでとても大事《だいじ》な力《ちから》なんだ。

洞察力《どうさつりょく》がある人《ひと》は全体《ぜんたい》を見《み》て判断《はんだん》するだけではなく、先《さき》を読《よ》むこともできる。
今回《こんかい》は学級新聞《がっきゅうしんぶん》を作《つく》るとのことだけど、新聞《しんぶん》だから、また次回《じかい》も出《だ》すかもしれないよね。
洞察力《どうさつりょく》のある人《ひと》は、今《いま》のことだけを見《み》て判断《はんだん》するのではなく、先《さき》を考《かんが》えて判断《はんだん》するので「今回《こんかい》がこのテーマだったら次回《じかい》はどうしよう」と考《かんが》えることもできるし、過去《かこ》にさかのぼって、「以前《いぜん》はどのようなテーマだったのかな」と参考《さんこう》にすることもできる。

この洞察力《どうさつりょく》を高《たか》めるには3つのことをするといいだろう。

まず、**いろいろな情報《じょうほう》に触《ふ》れる**ようにしよう。新聞《しんぶん》やニュース、そして街《まち》に貼《は》ってあるポスターや本《ほん》などからは情報《じょうほう》をえやすい。

また、映画《えいが》を見《み》たりすることも視野《しや》を広《ひろ》げるコツだね。


次《つぎ》に、**先《さき》を予想《よそう》してみよう。**

学校《がっこう》で先生《せんせい》がこの先何《さきなに》を話《はな》すのか、お母《かあ》さんが何《なに》をするのかなどを予想《よそう》することは、先《さき》を読《よ》む練習《れんしゅう》になる。

今見《いまみ》える光景《こうけい》を、頭《あたま》の中《なか》で動画《どうが》のように早送《はやおく》りする感覚《かんかく》だね。


最後《さいご》は、**関連付《かんれんづ》ける**ということだ。

情報《じょうほう》と情報《じょうほう》を結《むす》び付《つ》けると、見《み》えないものが見《み》えてくる。

例《たと》えば、別々《べつべつ》の友達《ともだち》の話《はなし》で共通《きょうつう》している部分《ぶぶん》はないかと考《かんが》えるのもいいし、街《まち》で見《み》る看板《かんばん》や広告《こうこく》を関連付《かんれんづ》けて、別《べつ》の商品《しょうひん》が生《う》まれないかと考《かんが》えてみるのもいいね。

気《き》になる言葉《ことば》を関連付《かんれんづ》けてみると、洞察力《どうさつりょく》が育《そだ》つよ。

ちなみにこの洞察力《どうさつりょく》だが、世《よ》の中《なか》を変《か》えるほどの力《ちから》を持《も》つリーダーには、必《かなら》ずあるといわれている。

例《たと》えば先生《せんせい》は以前《いぜん》、テレビ局《きょく》の依頼《いらい》で、徳川家康《とくがわいえやす》と織田信長《おだのぶなが》、豊臣秀吉《とよとみひでよし》という3人《にん》の武将《ぶしょう》のビジネス能力《のうりょく》について分析《ぶんせき》する依頼《いらい》を受《う》けたことがある。

それぞれ、性格《せいかく》も異《こと》なれば、持《も》っている能力《のうりょく》も全《まった》く違《ちが》った。

しかし、今回解説《こんかいかいせつ》した洞察力《どうさつりょく》だけは3名《めい》とも持《も》っているという共通点《きょうつうてん》が分《わ》かったんだ。

きみもこの能力《のうりょく》を鍛《きた》えると、ひょっとすると世《よ》の中《なか》を変《か》えることができるかもしれないね。

クエスト 14

冒険《ぼうけん》に出《で》るのか

…じつはね
パパは、ブラジルに海外赴任《かいがいふにん》することになったんだ
ブラジルって…… 地球儀《ちきゅうぎ》で見《み》たら、日本《にほん》の正反対《せいはんたい》にある国《くに》……？
え……？ パパは…どれくらいブラジルに行《い》くの？
ああ、しばらくの間《あいだ》日本《にほん》には帰《かえ》れないな
大《おお》きな事業《じぎょう》を任《まか》せられたからね
…よく聞《き》いてね 翔太《しょうた》

翔太《しょうた》がよければ、私《わたし》たちもブラジルに行《い》こうと思《おも》うの
!?
ガタッ
ありえないよ 僕《ぼく》、ブラジルなんて行《い》きたくない
パパとママは話《はな》し合《あ》って、翔太《しょうた》に自分《じぶん》のことを決《き》めてもらうことにしたの
パパとママと一緒《いっしょ》にブラジルに行《い》くか、おばあちゃんのところに行《い》って日本《にほん》の学校《がっこう》に通《かよ》うか
しっかり考《かんが》えて……翔太《しょうた》自身《じしん》に、決《き》めてほしいの

おばあちゃんのところって…北海道《ほっかいどう》だよね
……そんな……
なんだか現実《げんじつ》じゃないみたいだ…
大変《たいへん》なことになっちゃった
今《いま》まで生《い》きてきた中《なか》で、最大《さいだい》の決断《けつだん》だ

Q

あなたが翔太《しょうた》だったらどう判断《はんだん》しますか？

1 ブラジルに行《い》く
2 おばあちゃんのいる北海道《ほっかいどう》に行《い》く
3 今《いま》の場所《ばしょ》で暮《く》らす
4 決《き》められない

すぐに部屋《へや》に行《い》き、笛《ふえ》を探《さが》した。
ヒカルなら一番《いちばん》いい選択肢《せんたくし》を選《えら》んでくれるはずだ。
笛《ふえ》を手《て》に取《と》り、思《おも》い切《き》り空気《くうき》を送《おく》り込《こ》んだ。
「え、鳴《な》らない」
笛《ふえ》は、乾《かわ》いた空気《くうき》が通《とお》る音《おと》しかしない。
そのとき、ドアをノックする音《おと》がした。

翔太《しょうた》はすぐに反応《はんのう》し、「ヒカル」と言《い》ってドアを開《あ》けた。

しかしそこにはママが立《た》っていた。

「ヒカルって誰《だれ》？　その子《こ》からあなた宛《あ》てに手紙《てがみ》よ」

母親《ははおや》は中身《なかみ》を気《き》にしていたが、翔太《しょうた》はその手紙《てがみ》を奪《うば》うように取《と》り、自《じ》分《ぶん》の部屋《へや》でそれを開《あ》けてみた。

「そろそろ冒険《ぼうけん》に出発《しゅっぱつ》だ。どうする？」


翔太《しょうた》は不安《ふあん》を押《お》し殺《ころ》しながら公園《こうえん》に走《はし》り出《だ》す。

「ヒカル。どこだ」

ヒカルはいなかった。

時間《じかん》は過《す》ぎ去《さ》り、翔太《しょうた》はヒカルと初《はじ》めて会《あ》ったベンチに座《すわ》っていた。

空《そら》がオレンジ色《いろ》のグラデーションを作《つく》り出《だ》し、鳥《とり》たちが黒《くろ》い影《かげ》の群《む》れとなってどこかに向《む》かっているのを見《み》て、翔太《しょうた》は気づいた。

「そうか、冒険《ぼうけん》はもう始《はじ》まっているのか」

「そうだよ」

ヒカルの声《こえ》が翔太《しょうた》の頭《あたま》の中《なか》から聞《き》こえた。

翔太《しょうた》は瞬《まばた》きを3回《かい》して、それから笑《わら》った。

「そうか。ヒカルは僕《ぼく》だったのか。ヒカルは僕《ぼく》の中《なか》にずっといたんだ」

翔太《しょうた》はやや暗《くら》くなったオレンジ色《いろ》の空《そら》を見《み》ながらつぶやいて、笛《ふえ》をそっとカバンにしまった。

これから多《おお》くの難題《なんだい》や悩《なや》み事《ごと》があるかもしれないが、自分自身《じぶんじしん》を信《しん》じて自分《じぶん》の道《みち》を進《すす》んでいかなければならない。

だって僕《ぼく》はもう、冒険家《ぼうけんか》になったのだから。

翔太《しょうた》は今晩《こんばん》、それぞれの選択肢《せんたくし》をじっくり考《かんが》えて、明日《あす》には結論《けつろん》を出《だ》すことにした。

＊

あなたの中《なか》にもヒカルがいます。

困《こま》ったときは問《と》いかけてみてください。

きっとあなた自身《じしん》の選《えら》ぶ道《みち》が見《み》えるはずです。

あなたの冒険《ぼうけん》も、今始《いまはじ》まりました。

よい決《き》め方《かた》とは

決《き》める、つまり判断《はんだん》に正解《せいかい》はない。

算数《さんすう》のテストなどには、確《たし》かに正解《せいかい》はある。

しかし、きみがこれから決《き》めなければならないことや、迷《まよ》うことには、完全《かんぜん》な正解《せいかい》などない。

例《たと》えば、次《つぎ》の休日《きゅうじつ》に何《なに》をするか、どんな仕事《しごと》につきたいのか、こんなことには
正解《せいかい》はないよ。

ただ、正《ただ》しい決《き》め方《かた》はある。
それをきみはこの本《ほん》で、そしてこの物語《ものがたり》で身《み》につけることができたはずだ。
ここでもう一度《いちど》おさらいをしておこう。

- **優先順位《ゆうせんじゅんい》を決《き》める**
- **やめることを決《き》める**
- **比《くら》べてみる**
- **挑戦《ちょうせん》する**
- **自分《じぶん》の考《かんが》えを持《も》つ**
- **ルールを作《つく》る**
- **事実《じじつ》か調《しら》べる**
- **断《ことわ》る判断《はんだん》をする**

- **みんなが正《ただ》しいとは限《かぎ》らない**
- **別《べつ》のアイデアを提案《ていあん》する**
- **周《まわ》りに相談《そうだん》をしてみる**
- **視野《しや》を広《ひろ》く持《も》つ**

どうだろう。これらを忘《わす》れずに、何《なに》かを決《き》める際《さい》に組《く》み込《こ》んでほしい。

これらを「正《ただ》しい判断《はんだん》をするためのプロセス」と呼《よ》ぶけれど、このプロセスを辿《たど》れば、必《かなら》ずいい結果《けっか》をえることができるはずだ。

もし、これから何《なに》かを決《き》めて「失敗《しっぱい》したなあ」と感《かん》じたら、これらのプロセスをちゃんと辿《たど》ったのかを確認《かくにん》してほしい。

どこかに改善《かいぜん》のヒントがあるはずだから。

きみにはこれからさまざまなクエストが与《あた》えられる。

ぜひそれから逃《に》げずに、正《ただ》しい決《き》め方《かた》を実践《じっせん》してほしい。

大丈夫《だいじょうぶ》。きみはもう決《き》め方《かた》の達人《たつじん》だ。
困《こま》ったときは、あなたの中《なか》にいるヒカルに相談《そうだん》してみよう。

第《だい》4章《しょう》

「自《じ》分《ぶん》で決《き》める力《ちから》」があなたの人《じん》生《せい》を作《つく》っていく

人《ひと》は、生《い》きていく中《なか》でさまざまな決断《けつだん》をする場面《ばめん》に直面《ちょくめん》します。決断《けつだん》をすることで自分《じぶん》の人生《じんせい》を作《つく》っていると言《い》ってもいいでしょう。

これからあなた自身《じしん》が遭遇《そうぐう》する決断《けつだん》と言《い》えば、進路《しんろ》かもしれません。きっと先生《せんせい》やご両親《りょうしん》が、あなたのことを考《かんが》えて、助言《じょげん》や提案《ていあん》をしてくれるでしょう。

でも、**最後《さいご》はあなた自身《じしん》が決《き》めなければならない**のです。

何《なに》かを決《き》めるというのは、なかなか面倒《めんどう》くさく、ときには苦痛《くつう》を伴《ともな》います。

「みんなと同《おな》じようにすればいいのでは？」

「お母《かあ》さんの言《い》う通《とお》りにすれば間違《まちが》いない」

ときには、「なるようになる」と流《なが》れに身《み》を任《まか》せたくなることもあるかもしれません。

しかし、その決《き》め方《かた》であなたが思《おも》う幸《しあわ》せな人生《じんせい》をまっとうできるでしょうか？

何《なに》かを決《き》めることで失敗《しっぱい》したくないと思《おも》うのは、あなただけではありません。多《おお》くの大人《おとな》も決《き》めることから逃《に》げ出《だ》したいと思《おも》っています。

だからこそ先生《せんせい》はきみに言《い》いたい。

「自分《じぶん》のことは、最後《さいご》は自分《じぶん》で決《き》めよう」

社会《しゃかい》に出《で》ると、ほとんどの問題《もんだい》や選択《せんたく》に正解《せいかい》はありません。周《まわ》りの状況《じょうきょう》は刻々《こくこく》と変《か》わっていきますし、多《おお》くの判断《はんだん》には他《ほか》の人《ひと》が絡《から》んできます。

その人《ひと》の性格《せいかく》もさまざまなので、どんな選択《せんたく》にも絶対的《ぜったいてき》な正解《せいかい》は存在《そんざい》しないわけです。

だから、決《き》めるのは難《むずか》しいと思《おも》う人《ひと》もいるわけですが、逆《ぎゃく》に考《かんが》えてみてください。

絶対的《ぜったいてき》な正解《せいかい》がないということは、絶対的《ぜったいてき》な間違《まちが》いもないわけです。

先《さき》ほどの翔太《しょうた》くんの最後《さいご》のクエストも、多《おお》くの方《かた》は「ブラジルなんて……」と思《おも》われるかもしれません。

しかし、先生《せんせい》はそうは思《おも》いません。

ブラジルで新《あたら》しい風習《ふうしゅう》や言葉《ことば》に苦《くる》しむかもしれませんが、その経験《けいけん》がグローバルな思考《しこう》を育《そだ》て、世界《せかい》のどの国《くに》でも活躍《かつやく》し暮《く》らしていける翔太《しょうた》くんを作《つく》るかもしれないからです。

ただし、判断《はんだん》に間違《まちが》いはないと言《い》いましたが、ひとつだけ悪《わる》い判断《はんだん》があります。

それは「決《き》めないこと」です。

なぜなら、あなたが大人《おとな》になったときに、「どうしてあのとき自分《じぶん》で決《き》めなかったのだろう」と後悔《こうかい》するからです。

先生《せんせい》もこの本《ほん》の中《なか》でいくつかお話《はな》ししましたが、「決《き》められなかった」と悔《くや》んでいることがたくさんあります。

誤《あやま》った選択《せんたく》も確《たし》かにありましたが、その10倍以上《ばいいじょう》の後悔《こうかい》が「決《き》められない」ことには伴《ともな》います。

まだ大人《おとな》になっていないため、あなたが頑張《がんば》って決《き》めたとしても、よくない結《けっ》果《か》になってしまうこともあるでしょう。

でも、それは練習《れんしゅう》です。

どんなプロも最初《さいしょ》から上手《じょうず》にできる人《ひと》はいません。

決《き》める達人《たつじん》も同《おな》じです。

決《き》める力《ちから》、つまり「判断力《はんだんりょく》」は、使《つか》えば使《つか》うほど鍛《きた》えられていくのです。

先生《せんせい》は大人《おとな》、それも30歳《さい》になって初《はじ》めてインバスケットに出合《であ》い、正《ただ》しい決《き》め方《かた》を教《おそ》わりました。

もっと早《はや》く決《き》め方《かた》を知《し》っておけば、どれだけ得《とく》をしたことかと思《おも》います。

きみは自分《じぶん》の判断《はんだん》でこの本《ほん》を読《よ》み、決《き》め方《かた》を身《み》につけました。

それはとてもラッキーなことだと思《おも》います。


きみの素晴《すば》らしい人生《じんせい》は、きみ自身《じしん》で作《つく》ることができます。

そして決断《けつだん》は、生《い》きている間《あいだ》ずっと影響《えいきょう》します。

ですから、忍耐強《にんたいづよ》く考《かんが》え抜《ぬ》いて決《き》めることが大事《だいじ》なのです。


きみはまだまだこれから成長《せいちょう》します。

そしてさまざまな可能性《かのうせい》を秘《ひ》めています。

その可能性《かのうせい》を引《ひ》き出《だ》し、大《おお》きく成長《せいちょう》するためにも、決《き》める力《ちから》を発揮《はっき》して、きみ自身《じしん》の人生《じんせい》を作《つく》っていってください。

おわりに

先生《せんせい》は「決《き》めること」に自信《じしん》がありました。

しかし、今《いま》研究《けんきゅう》しているインバスケットに出合《であ》って、自分《じぶん》の自信《じしん》は勘違《かんちが》いだと思《おも》い知《し》らされました。

前例《ぜんれい》があることはそれをもとに決《き》めることができるのですが、前代未聞《ぜんだいみもん》の課題《かだい》が出《で》たときは、判断《はんだん》を避《さ》けて誰《だれ》かにゆだねたり、どちらとも取《と》れる優柔不断《ゆうじゅうふだん》な判《はん》断《だん》をしていることが、インバスケットゲームの回答《かいとう》に表《あらわ》れていたのです。

その回答《かいとう》を見《み》てふと思《おも》い出《だ》したのが、冒頭《ぼうとう》に書《か》かせていただいた「けれなかったサッカーボール」でした。

失敗《しっぱい》や批判《ひはん》が嫌《いや》だった私《わたし》は、けって外《はず》すのをためらい、何《なに》もせずにボールを眺《なが》めていました。

自分《じぶん》の決《き》め方《かた》は、このときにはすでにできあがっていたのです。

その決《き》め方《かた》は、進学《しんがく》や就職《しゅうしょく》にも影響《えいきょう》しました。みんなと同《おな》じように大学《だいがく》に進学《しんがく》し、両親《りょうしん》が喜《よろこ》んでくれる大手企業《おおてきぎょう》に入社《にゅうしゃ》しました。でもそれは「やりたいこと」ではなく、「やれること」を選《えら》んだ結果《けっか》だったと思《おも》います。

大手企業《おおてきぎょう》の昇格試験《しょうかくしけん》でインバスケットに出合《であ》ったことが、自分《じぶん》の判断方法《はんだんほうほう》や伝《つた》え方《かた》、問題解決行動《もんだいかいけつこうどう》などを見直《みなお》す機会《きかい》となりました。そして、インバスケットトレーニングを行《おこな》ったことで、今《いま》は判断《はんだん》に本物《ほんもの》の自信《じしん》がつき、自分《じぶん》の人生《じんせい》を楽《たの》しむことができています。

このような経験《けいけん》から、「自分《じぶん》の力《ちから》で決《き》めることができる子《こ》どもたちを増《ふ》やしたい」と考《かんが》えて本書《ほんしょ》を書《か》きました。

保護者《ほごしゃ》の方《かた》もご覧《らん》になっていると思《おも》いますが、判断《はんだん》の方法《ほうほう》を教《おし》えるのは難《むずか》しいものです。

なぜなら答《こた》えが存在《そんざい》しないからです。

だからこそ、インバスケットという体験型《たいけんがた》のツールを紹介《しょうかい》した本書《ほんしょ》を活用《かつよう》してほしいと考《かんが》えています。

多《おお》くの保護者《ほごしゃ》の方《かた》がお子《こ》さんに対《たい》して「自立《じりつ》して生《い》きて幸《しあわ》せになってほしい」と願《ねが》っていると思《おも》います。

本書《ほんしょ》を通《つう》じてお子《こ》さんの幸《しあわ》せに寄与《きよ》できれば著者《ちょしゃ》としてうれしい限《かぎ》りです。

最後《さいご》になりますが、本書《ほんしょ》を刊行《かんこう》するにあたりご協力《きょうりょく》いただいた編集《へんしゅう》の加藤様《かとうさま》はじめ、関係者《かんけいしゃ》の皆様《みなさま》に御礼申《おんれいもう》し上《あ》げます。

そして最後《さいご》までお読《よ》みいただいたきみにも深《ふか》く御礼《おんれい》を申《もう》し上《あ》げます。

２０２４年《ねん》９月《がつ》

株式会社《かぶしきがいしゃ》インバスケット研究所《けんきゅうじょ》　社長《しゃちょう》

インバスアカデミー主宰《しゅさい》

鳥原《とりはら》　隆志《たかし》

〈著者紹介〉

鳥原 隆志（とりはら・たかし）
株式会社インバスケット研究所 代表取締役
インバスケット・コンサルタント
大学卒業後、株式会社ダイエーに入社。販売部門や企画部門を経験し、10店舗を統括する食品担当責任者（スーパーバイザー）として店長の指導や問題解決業務に努める。管理職昇進試験時にインバスケットに出合い、自己啓発としてインバスケット・トレーニングを開始。日本で唯一のインバスケット教材開発会社として、株式会社インバスケット研究所を設立し代表取締役に就任。日本のインバスケット・コンサルタントの第一人者としてテレビやラジオに出演し、ビジネスパーソンの行動分析をするなど活動中。国内外での講演や、研修実績多数。延べ受講者数は20,000人以上を数える。主な著書に『マンガでやさしくわかるインバスケット思考』（日本能率協会マネジメントセンター）、『究極の判断力を身につける インバスケット思考』（WAVE出版）、『一瞬で正しい判断ができる インバスケット実践トレーニング』（朝日新書）、『たった5秒思考を変えるだけで、仕事の9割はうまくいく』（KADOKAWA）など、50冊以上累計80万部を超える。

10歳から知っておきたい
「自分で決める力」の伸ばし方

2024年9月30日　初版第1刷発行

著　者――鳥原 隆志

発行者――張 士洛
発行所――日本能率協会マネジメントセンター
〒103-6009 東京都中央区日本橋2-7-1 東京日本橋タワー
TEL 03(6362)4339(編集)／03(6362)4558(販売)
FAX 03(3272)8127(編集・販売)
https://www.jmam.co.jp/

装丁・本文デザイン――奈良岡菜摘デザイン事務所
イラスト――もなか
作画協力――須藤むら、茶樫てる
本文DTP――株式会社RUHIA
印刷所――シナノ書籍印刷株式会社
製本所――株式会社三森製本所

ISBN 978-4-8005-9264-4　C8077
落丁・乱丁はおとりかえします。
PRINTED IN JAPAN